排球技术与战术
教练指导手册

（修订版）

[美] 塞西尔·雷诺（Cecile Reynaud）
美国运动教育计划（American Sport Education Program，ASEP） 著

朱禹丞 译

人 民 邮 电 出 版 社
北 京

图书在版编目（ＣＩＰ）数据

排球技术与战术教练指导手册 / （美）塞西尔·雷诺
（Cecile Reynaud），美国运动教育计划著；朱禹丞译
. -- 2版（修订本）. -- 北京 : 人民邮电出版社，
2022.10
ISBN 978-7-115-57903-4

Ⅰ. ①排… Ⅱ. ①塞… ②美… ③朱… Ⅲ. ①排球运
动－运动技术－手册 Ⅳ. ①G842.19-62

中国版本图书馆CIP数据核字(2022)第048108号

版权声明

免责声明

作者和出版商都已尽可能确保本书技术上的准确性以及合理性，并特别声明，不会承担由于使用本出版物中的材料而遭受的任何损伤所直接或间接产生的与个人或团体相关的一切责任、损失或风险。

内 容 提 要

本书由美国排球教练协会前主席塞西尔·雷诺与美国运动教育计划共同编写，是一本为职业排球教练、高校排球队教练撰写的专业的教学训练指导手册。全书图文并茂，从教学与评估、教授技术技能、教授战术技能、制订教学计划、比赛教学几个方面，帮助教练有的放矢地指导球员的日常和赛时训练，为教练提供全面系统的教学指导方案。

◆ 著　　　[美]塞西尔·雷诺（Cecile Reynaud）
　　　　　[美]美国运动教育计划（American Sport Education Program, ASEP）
　　译　　　朱禹丞
　　责任编辑　刘日红
　　责任印制　马振武
◆ 人民邮电出版社出版发行　　北京市丰台区成寿寺路 11 号
　　邮编　100164　电子邮件　315@ptpress.com.cn
　　网址　https://www.ptpress.com.cn
　　三河市君旺印务有限公司印刷
◆ 开本：700×1000　1/16
　　印张：15.5　　　　　　　　　2022 年 10 月第 2 版
　　字数：320 千字　　　　　　　2025 年 7 月河北第 5 次印刷
　　　　著作权合同登记号　图字：01-2015-6187 号

定价：108.00 元

读者服务热线：(010)81055296　印装质量热线：(010)81055316
反盗版热线：(010)81055315

目　录

前言　iv

第 1 部分　教学与评估 ⋯⋯⋯⋯⋯⋯⋯⋯⋯⋯⋯⋯⋯⋯⋯⋯⋯⋯⋯⋯ 1

第 1 章　运动技能教学　3

第 2 章　技术和战术技能评估　9

第 2 部分　教授技术技能 ⋯⋯⋯⋯⋯⋯⋯⋯⋯⋯⋯⋯⋯⋯⋯⋯⋯ 21

第 3 章　进攻技术技能　23

第 4 章　防守技术技能　107

第 3 部分　教授战术技能 ⋯⋯⋯⋯⋯⋯⋯⋯⋯⋯⋯⋯⋯⋯⋯⋯ 139

第 5 章　进攻战术技能　141

第 6 章　防守战术技能　161

第 4 部分　制订教学计划 ⋯⋯⋯⋯⋯⋯⋯⋯⋯⋯⋯⋯⋯⋯⋯⋯ 195

第 7 章　赛季计划　197

第 8 章　训练计划　209

第 5 部分　比赛教学 ⋯⋯⋯⋯⋯⋯⋯⋯⋯⋯⋯⋯⋯⋯⋯⋯⋯⋯ 231

第 9 章　为比赛做好准备　233

第 10 章　赛前、赛中和赛后　239

前　言

如果你是一位经验丰富的排球教练，那么你一定经历过这样的挫折，那就是你的球员在训练中表现良好，但在比赛中发挥不佳。你自己在场上打球的时候，可能也遇到过同样的情况。在训练中，你的球员能很好地完成接球，然后穿过对方球员的拦网，把球扣到对方场地上。你的球员在训练中可以有效地运用这些技能，但无法将它们运用于实际比赛。尽管本书不会为你提供一种神奇的方法来快速解决这些问题，但是可以帮助你了解如何让球员为比赛做好准备。无论你是经验丰富的教练还是新手教练，本书都将帮助你，让你的球员的能力再上一个台阶，并为你提供所需的工具来指导他们打排球。

每位排球教练都知道技术技能的重要性。精准的发球、各种到位的传球、能将从各个位置传出的球有力地扣过网、把球救起并让对手疲于扣球却很难将球杀死，这些能力极大地影响着比赛的结果。本书讨论了初、中级技术技能，这些技术技能对球员的成功非常重要，包括进攻和防守技术技能。你将学习如何检测和纠正你的球员在运用这些技能时所犯的错误，然后帮助他们将在训练中学到的技术技能运用到实际比赛中。

除了技术技能，本书还讨论了战术技能，包括进攻战术技能及防守战术技能，例如不同速度的扣球以及在网前的不同位置传球。球员应当具备一定的识别能力，知道根据对方的防守球员来判断哪些进攻方式和进攻位置最适合自己。本书讨论了"战术金三角"，这种方法可让球员学会观察比赛或站位，获取所需的信息并制订相应的战术策略，以及在正确的时间使用正确的决策技巧去解决问题。为了推动球员采用这种方法，本书涵盖了一些重要的信息，旨在帮助球员在观察比赛时做出适当的调整，包括发现比赛规律、制订比赛策略以及找出对手的优缺点。

除了提供严格的技术技能和战术技能训练帮助球员准备比赛，本书还介绍了如何提高球员的比赛表现，将类似比赛的安排纳入日常训练中。本书会介绍许多传统的训练，这些训练可以有效地向你展示如何磨合技术与战术技能、明确目标和加强训练并模拟小型比赛，从而帮助球员把技术、战术技能运用到实际比赛中。例如，你可以将乏味的发球训练融入一场令人兴奋的、充满竞技性的计分比赛，然后统计出球员完成的完美垫球的数量及其扣中了多少个快速传来的球。

　　本书还包括几个级别的计划——赛季计划和训练计划。我们提供了基于比赛场景下的赛季计划，还提供了8个训练计划。这些训练计划基于比赛的方法，涵盖了训练时长、训练目标、所需设备、训练内容和教学关键点等。

　　当然，你的球员在比赛中的表现是训练的最终结果。本书将告诉你应该如何帮助球员准备比赛，早在球员参与第一场比赛之前，你就应该围绕训练和比赛设计一个常规流程，处理一系列的问题，包括与球员及其家长进行交流、观察对手及激励球员。

第 1 部分

教学与评估

一个好教练可不能仅仅了解排球运动，你必须超越这项运动，找到一种方法来帮助你的球员增强实力。为了提高球员的水平，你必须知道如何对球员进行教学与评估。

在第1章中，我们会重温运动技能教学的基础知识。我们首先会概述排球运动，讨论成为一个高效教练的重要性。接下来，我们会定义一些重要的技能，讨论传统式和比赛式指导方法，帮助你更好地理解技术和战术技能。

在第2章中，我们会讲解如何对技术和战术技能进行评估，以及如何进行排球教学。我们会讨论对球员进行评估的重要性，审核你需要评估的核心技能及怎样操作才是最好的。我们强调了对季前赛、季中赛和季后赛进行评估的重要性，并提供了工具来帮助你评估你的球员。

通过学习如何教学与评估，你可以将准备工作做得更好，帮助球员提高他们的水平。

第 1 章

运动技能教学

　　排球是很多人都参与过的一个运动项目，人们可能在自家的后院、在沙滩上、在与家人和朋友野餐时玩过，或者与一个有组织的团队打过比赛。排球运动的目标很简单——使球在己方场地时不要落地，通过3次及以内的触球击球过网并使球落在对方场地上，能成功做到这一点的球队就得一分。一局结束时，得分高的球队赢得这一局，赢局最多的球队赢得比赛。这项运动最初叫mintonette（"小网子"之意），是1895年威廉·G. 摩根（William G. Morgan）在美国马萨诸塞州发明的。他的初衷是为商人发明一项没有篮球那么激烈的运动。

　　但如今排球已经发展成为一项激烈的运动，并且是现在最流行的团体运动之一。全世界数以百万计的不同水平的人都在打排球。球网两边各有6名球员，球员们在一个面积只有900平方英尺（1平方英尺约为0.09平方米）的场地内移动，努力阻止对手把球击到己方场地上，这要求他们具备良好的体力和脑力素质。排球绝对是一项团体运动——在运动过程中，团队成员必须尽可能快地通过观察、反应和移动来协调动作。而且为了使这项运动更复杂，从发球开始，球员必须使球保持在空中，不能落地。球员在空中触球时，包括进攻或拦网的时候，会用到很多技能。球员在触球前几乎没有时间停下来思考，他们在控球过程中也不能持球移动，这让排球运动非常独特。

在进攻端，球员接到对方的发球后，会把球垫给二传手。二传手把球传给队内的某个进攻球员，进攻球员跳到空中隔网把球扣向对方场地。在防守端，拦网时球员们必须确定自己的位置，这样球碰到他们的手后可被拦回对方场地，若球穿过他们拦网的手，在落向己方场地时也能被后排队友救起。如果队友们在每项技能上都掌握了适当的技术，这将增强他们赢球的能力。随着球员们在运动中慢慢积攒经验，他们就会开始在球场上找到合适的位置，例如二传手、自由人、主攻手、副攻手和接应者。从战术上讲，若把排球比作橄榄球，球网就是争球线。3名前排球员试图击球并使球穿过对方在网边的3名防守球员，即拦网球员，而战术的成功运用会让比赛激动人心、赏心悦目，并使球员乐在其中。

有效教学

无论你是否打过排球，有效教学都需要你用不同的方式来学习这项运动。伟大的排球运动员不一定是好的教练，而伟大的教练也不一定会成为好的运动员。尽管这可能有助于你以较高的水平来打排球，也有助于你使用复杂的战术和策略来积累经验，但教导和训练一支球队对你的能力会提出完全不一样的挑战。从打球到教球的转变过程，通常比你认为的更加艰难。球员对每种技能的感觉——他的移动感及成功执行战术的意识会逐渐增强。作为教练，你必须寻找方法来帮助球员获得这种打球的意识或感觉。你必须明白，不同的球员通常以不同的方式来感知和学习相同的技能。

此外，作为一名卓有成效的教练，你要为球员和球队的表现承担责任，但不要把球队的表现不佳个人化，也不要将责任全都归到自己身上。但如果你躲在某个球员打不好球的借口之后，你就永远不能主动发现哪种教学策略能推动球队进步。如果你相信以下信条——"球队的表现将反映教练告诉球员能做的一切，或反映教练允许他们所做的一切"——你就会明白，每个球员的技能水平都可以提高。即使一个球员的技能水平属于平均水准，你也可以参照以下做法。

- 鼓励他充满激情地对待每一次触球。
- 为他安排训练机会，直到他能够熟练地运用技能。
- 激励球员去帮助整个球队。

如果你不断地寻找新的方法来教授同样的技能，那么你最终很可能会找到一个有意义的节奏、突破口或概念去使球员有所反应，从而让他开始在他之前努力过的领域有所提升。作为一名教练，你有责任找到一种方法来教导、推动和激励每个球员提高其技能水平。这种理念本身（也就是你愿意为每个球员的表现负责）会产生一种创造性的、激动人心的和非常有效的教学形式，这种教学形式反过来会促使球员的技能水平提高，从而让球队有更好的表现。

技术和战术技能

　　教练有责任耐心系统地训练球员，教给他们基本的技能去完成比赛。这些技能称为技术技能，它们为每个球员提供基本的原则指导，帮助他们达到参加排球比赛的身体要求。在每天的训练中，你也必须营造一种比赛氛围，使球员在这种氛围下做出反应并运用相关技能从而锻炼选择和运用各种技术技能的能力。这种能力则称为战术技能，它是平时训练和实际比赛之间的桥梁。虽然正确运用所需的技术技能是胜利的必需条件，但球员做出正确决策的能力，即战术技能，在实际比赛中往往更关键。

　　当然，其他类型的技能，例如身体技能、心智能力、沟通能力和性格特征，都有助于运动技能的提高［雷纳·马滕斯（Rainer Martens），《执教成功之道》（第三版），人体运动出版社（Human Kinetics）］。尽管所有这些技能都很重要，然而，针对排球技术和战术技能的有效教学仍然为成功的排球训练奠定了基础。

　　本书侧重于讲解如何平衡排球的技术和战术技能。我们的目标是提供一种资源，当你在努力教你的球员如何进行这项激动人心的运动时，本书将帮助你加深对排球的理解并改善教学方法。

技术技能

　　技术技能被定义为"移动身体完成动作的具体过程"［雷纳·马滕斯，《执教成功之道》（第三版）］。正确执行排球技术技能，显然是球员取得成功的关键。大多数教练，甚至那些经验不足的教练，都知道排球的基本技术技能包括发球、一传、二传、扣球、拦网和扑救。但培养球员执行这些技能的能力需要长时间的沉淀，教练需要慢慢地积累知识和经验。

　　本书的目的是加快提升你的教学能力，具体包括以下能力。

○ 清晰地把每项技能的基本内容传达给球员。

○ 创设训练和教学情境去演练实战所需的技能。

○ 检测和纠正球员在运用技能时犯的错误。

○ 帮助球员把平时训练的技能运用到比赛中。

　　高效的教练有能力将他掌握的知识和对技能的理解用于帮助球员提高其技能水平。本书能帮助你成为拥有这种能力的排球教练，教你如何整合排球的基本技术技能，帮助你把成功赢得比赛所需的资源提供给你的球员。

战术技能

技术技能的掌握对于参加排球比赛很重要，但是球员也必须掌握相应的战术技能。战术技能被定义为"球员在比赛中胜过对手的决定和行动"[雷纳·马滕斯，《执教成功之道》（第三版）]。经验不足的排球教练可能会专注于培养球员的技术技能，而忽视对战术技能的培养。实际上，教练甚至会省略对战术的思考，因为他们非常注重教授技术技能。对球员而言，如果想要发展得更好，他们需要同时学习技术和战术技能。你可以通过让球员专注于以下3个关键方面来学习战术技能，即"战术金三角"。*

○ 观察比赛或站位。

○ 获取所需的知识并制订相应的战术策略。

○ 在正确的时间使用正确的决策技巧去解决问题。

本书提供了你所需的知识来帮助你教球员如何使用"战术金三角"。第3部分的内容可帮助你教球员如何做出适当的反应，包括如何在既定情况下做出适当的选择，如何在突发情况下自行做出正确的决定。这样，他们在打球的时候，就能够充分理解比赛规则和比赛策略，发现对手的优势和劣势及其对比赛的影响。

也许能给一名教练带来最强烈的挫败感的事就是目睹球员在比赛中犯错误，而他犯错误的这项技能在平时训练中运用得很好。例如，一个进攻球员在平时训练中可以成功地把球扣到对方场地上，但是在比赛中，当传给他的球不够到位或对方的拦网球员比较强大时，他就无法扣球得分。将训练中的技术技能运用到实战中是不容易的，但是你可以把球员安排在类似比赛的情况下去训练其战术技能。只有在训练中树立战术意识后，球员才能在比赛中自然地做出反应（同时保证他们执行相关的技术技能）。

传统式与比赛式的指导方法

如前所述，将训练中的技术技能运用到实战中是很困难的。良好的技术技能支持和战术技能训练能帮助球员做好准备迎接实战。但是你可以将类似比赛的情境纳入日常训练，进一步提高球员将技术技能运用到实战中的能力。要了解如何做到这一点，你必须知道两种指导方法——传统式方法和比赛式方法。

---

* 经许可改编自雷纳·马滕斯的《执教成功之道》（第三版），人体运动出版社。

本书第4部分提供的例子就运用了关于教学的传统式方法和比赛式方法。每种方法都有其特定的优势，本书支持的是比赛式方法。比赛式方法为球员提供了一个竞争环境，这个环境里有清晰的目标，能使球员专注于特定的个体目标和特定的理念。比赛式方法创建了一个高效且富有意义的学习环境，使球员被训练架构和自我提升的目标所推动。此外，比赛式方法还可以帮助球员做好对抗的准备，因为他们已经经历过模拟的比赛，看到过不同的战术情况。

传统式方法

虽然比赛式方法有许多优势，但传统式方法也有一定的价值。传统式方法通常以热身开始，紧随其后的是个人练习和团队练习，然后是激烈的对抗练习（或并列争球的练习）。传统式方法对于提高球员的技术技能水平是很有帮助的。但是除非你增添虚拟比赛情境下的训练，不然球员可能很难把训练中学到的技术技能运用到实战中；或者更糟的是，他们无法有效地在比赛中坚定战术意识。

比赛式方法

比赛式方法强调教练应当利用比赛和小型比赛来，为球员提供一个尽可能真实的竞争环境［阿兰·G. 劳德，《比赛式练习》，人体运动出版社，2001年］。但此方法不是让球员站在球场上，抛出一个球让他们玩这么简单，当你使用比赛式方法的时候，它应该包含以下3个组成部分。

○ 磨合。
○ 明确目标。
○ 加强训练。

磨合式训练要求你所创设的比赛情境有助于球员学习特定的技能。通过调整规则、环境（场地）、比赛目标和球员的数量，你可以更好地磨合球队（阿兰·G. 劳德，《比赛式练习》）。在混战的情况下，实力较强的球员往往占据主导地位，而实力较弱的球员很难在混战中扮演一个强大的、积极的角色。你的目标应该是增加每位球员的触球机会，如果你通过缩小区域或减少球员数量来磨合球队，那么每位球员将有更多的触球机会，并且能够在球场上练习特定的技能。

你还需要帮助球员明确目标。如果球员知道他们为什么要打球，以及他们训练的策略如何能够实现更大的愿景，那么他们就更愿意学习，或者至少对学习保持开放的态度。所以你需要为球员提供明确的关于技能、训练和比赛的目标，给他们进行简单的解释，并告诉他们这些目标将如何帮助他们在训练和比赛中成为更好的排球运动员。

最后，你必须在训练中发挥积极作用，加强对整个球队的训练，在合适的时机暂停对抗并指导他们，或把某个球员叫到一边，告诉他在当时的情况下如何增强自己的反应能力或技术技能。

关于排球战术技能教学的比赛式方法，有一个叫作"小场地3人一组"的游戏可供参考。设置一个场地，将一根额外的标志杆放在网中间，在场地的地板中间画一条线（在网的两边纵向画线）。场地的一侧有3个球员，其中两个负责接球，在网前的第三个球员负责传球。另外3个球员在网的另一边，其中一个球员从线的后面发球。由于场地比较小，发球者需要更准确地击球。对方接到发球后将其传给网附近的二传手。二传手即可以将球传给队内的两个进攻球员之一，也可以把球直接扣过网得分。由于接球方的运动区域很小，所以他们应该很容易得分。

防守方只需在一半的场地上拦网和防守，这样他们就可以减少对二传手和进攻球员的关注。他们将学习如何在拦网时判断对方球员的移动和进攻位置，这样他们就能够把球防住。他们必须在一个较小的场地内控球，所以需要更准确地把球垫给二传手。这种场地小、球员少的情境可以让球员在发球和扣球时更准确，并且由于场地变小从而减少了对防守方的关注。较小的场地和更少的球员也意味着每个球员在相同时间内会有更多机会触球。一旦球员回到标准尺寸的场地上，他们就会发现自己的技能水平有所提升。

训练球员是一项极具挑战性但很有意义的工作。排球教练不仅负责培养优秀的球员，而且负责发展球场下的年轻球员。本书的重点是讲解排球教学中必不可少的基本概念和策略，教导球员掌握技术和战术技能，并且使用传统式和比赛式方法来进行训练。本书提供的有效教学基础将帮助你掌握可帮助球员改进和完善一系列技巧和技能的艺术，以及它们的不同应用手段，这些手段让排球比赛变得节奏飞快、内容复杂，令人无比兴奋。

第 2 章

技术和战术技能评估

　　排球是一项团队运动，球员需要掌握许多技能，并且需要知道如何在不同的战术情况下运用这些技能。你需要重点发展和完善排球技能的团队实践和个人训练，同时你必须注重客观分析和评估这些个人技能，使用这些信息来制订团队的赛季、训练和比赛计划。你只有在掌握了必要的信息后，才能做出合理的决定，包括决定首发阵容、安排针对球员特定位置的专项训练以及发展进攻和防守战术等。

　　在建立一个团队时，你应该使用具体和准确的评估工具来评估构成整个团队的各个部分的发展情况。你必须记住基本的身体技能，它们有助于排球技术和战术技能的运用。此外，大量的非身体技能，如心智能力、沟通能力和性格特征对球员的运动成绩及职业生涯发展也有影响，因此你也应该考虑这些因素［雷纳·马滕斯，《执教成功之道》（第三版）］。但即使所有这些技能都很重要，本章的重点依然是对排球技术和战术技能进行评估。请参考《执教成功之道》（第三版），你可以更多地了解如何评估其他技能。

　　在本章，我们会检查评估准则，探索应该评估的特定技能和用于进行评估的工具。本章内容可帮助你更客观地评估你的球员，而这是每一位教练都应该不断追求的目标。

评估准则

无论评估的技能和使用的评估工具是什么，你都应该遵守基本的准则来管理评估过程。具体如下。

○ 理解评估的目的。
○ 鼓励球员不断进行改进。
○ 提供客观的测试。
○ 有效地提供反馈。
○ 评估过程是可信的。

理解评估的目的

首先，球员需要知道并理解测试的目的和它与排球运动的关系。如果你正在评估球员的技术技能，那其中的关联性应该很容易理解。但是如果你正在评估球员的身体技能、心智能力、沟通能力或性格特征，你就必须向球员解释这些技能和排球运动之间的关系及其能带来的益处。这样做是为了帮助球员明确主人翁意识对其发展的重要性。

鼓励球员不断进行改进

教练必须激励球员不断提高自己。了解技能和排球运动的关系会对其有所帮助，但有时实践和训练似乎离比赛还很远。对于身体技能，教练如果改善其在评估过程中的状态可以帮助球员激发潜力。如果可以营造一种类似比赛的氛围，如有许多其他球员看着某个球员进行测试，同时用一种更加强调个体的方式来评估，那么该球员会更热情地参与比赛。记录最佳表现的目标墙和数据墙也可以用来激励球员，这些最佳表现可以有好几类，如前5名或前10名的表现，从而让球员客观地进行竞争。建议将球员根据其场上位置进行分类。

最有效的动力就是人们都会追求个人最佳的表现，包括身体技能评估方面或提高得分方面，教练可将球员的当次评估结果同其最近一次的评估结果相比，以反映他的技术、战术、沟通和心智能力水平的变化情况。如果一个球员用自己今天的表现与昨天的表现进行对比，那么他总是可以收获成功并取得进步，并且他不需要与队友取得的成就相比。一个球员看到自己的进步后，会有动力继续练习和训练。这个准则比较关注个体，但和团队概念也不冲突。例如，你可以通过简单地提醒球队的所有球员来促进团队的整体发展，如果每个球员每天都能有更好的表现，那么整个球队就会一天天变得更好。

提供客观的测试

所有评估过程必须公正、正式并一致。球员很容易发现评估过程中存在的缺陷，然后对结果失去信心。球员完美地执行评估方案时，他的能力就应该被信任。教练必须系统和准确地以同样的方式对待每一个球员，因此评估过程必须公正，这样结果才有意义。

你必须有好的评估机制并注意评估的细节。评估工具也是如此，这些工具不需要被定量地衡量。如果你想评估球员的技术技能，就必须使用相同的评估工具，让所有球员处在公平的位置来一致进行评估，这样球员才会信任由此形成的评估结果。

有效地提供反馈

教练必须专业地传达对球员的评估结果及表现的反馈，而且尽可能个人化。没有球员想失败，当他们的表现达不到他们的期望或教练的期望时，他们的自觉性就会减弱。同时，每个球员都有他需要提高的领域，你必须与那些有这类需要的球员沟通，特别是如果他没有看到或知道他需要改进。与球员私下进行定期会谈对于交流这些信息是至关重要的。真实的评估结果、每个球员的排名对比图表、评估结果的历史记录，甚至球员表现的视频分析，都可以在不同层面帮助你就这些内容与球员进行交流，包括向球员说明他需要积极改进和提高的领域。你应同每个球员聊聊评估结果和他的目标，为每个球员如何实现目标制订计划。如果你面对大量的球员，那你可以在某些场合通过微妙的方式来进行这种私下会谈——请球员在训练或运动后留下几分钟，通知某个球员提前到场训练以创造机会与他进行单独交谈，或在固定的时间叫某个球员进办公室交谈。这些一对一的会谈是目前与球员交流的最好方式之一，你可以很容易地告诉他们需要改进的领域。

评估过程是可信的

最后，针对球员的评估过程，你必须遵循适当的原则。你必须是一个在这项运动中，掌握技术和战术技能知识的专家，这样才能准确持续地分析和评估球员的表现。你必须了解身体技能的价值和重要性，并帮助球员将其运用到比赛当中。你必须拥有杰出的沟通能力，以使你的教学是高效的。同时在与其他同事的关系上，你必须采用相同的相处方式，尤其是当你负责监督球员时，这样你就可以同球员在沟通方面建立信任。

评估技能

显然，球员必须知道运动所要求的技术技能，以及比赛时在战术情况下如何运用这些技能。但你必须明白，基本的身体技能有助于战术技能的运用，所以它们必须被有意识地纳入球员的训练计划。此外，一些非身体技能（如心智能力、沟通能力和性格特征）也涵盖在排球运动中，会影响球员的发展。

评估球员时，有一个概念至关重要：相对于队友的表现，每个球员都应该集中精力提高自己的表现。当然，比较数据能帮助球员看到他在团队里和队友相比，处于同一位置或扮演同一角色时的排名，这个数据可以激励或帮助球员设定目标。不过，所有排名都会将一些球员置于团队中其他人之下，而只关注这种类型的评估体系的危险是，如果球员一直排名在团队或同一位置的底部，就很容易泄气。相反，如果评估的重点是确保每一个球员比上次评估时有所改进、提高，那么每个球员都将有成功的机会。无论你是看重身体技能还是非身体技能，都要鼓励球员在每次评估中取得个人最好成绩。

评估身体技能

排球的基本身体技能包括力量、核心力量、速度、敏捷性、爆发力和灵活性。当球员专注于整体提高时，针对这6项身体技能的培训和评估在休赛季和季前赛时期尤为重要。然而，赛季期的评估同样重要，它可以维持球员在休赛季的积累，尤其是能够确保球员能承受的训练或比赛强度不会大幅下降，因为球员和教练都投入了大量的时间和精力在特定的比赛计划的准备和训练中。

评估应该至少一年进行3次——一次在排球赛季开始之前，用来评估球员在本赛季的准备情况并提供一个初始或基本分数；一次在本赛季结束后，用来评估球员在比赛中对身体状态的保持情况；还有一次在休赛季，用来评估球员在休赛季计划中的进步和提升。你需要不断评估球员在整个赛季的情况来做所需的轻微调整。

对某项身体技能的训练会积极地影响其他身体技能。例如，改善腿部的力量和灵活性一般都会加快速度。此外，可能没有哪个训练计划可以确保每一个球员在6项技能上都有收获。因此，你要给球员展示他们正在提升的技能以及需要持续重点投入的训练项目，他们在这些领域的评估结果是至关重要的。

力量

你应安全、有效地使用各种方法评估球员的力量。球员受伤的风险最小是因为他不在举重室举起最大负载。在球员适当热身之后，让其执行三步立定跳远测试来评估其下肢力量：将卷尺展开竖放在地板上，让球员站在起点处进行连续3个快速大步跳，之后双脚齐落；记录球员所跳的总距离，再重复测试；3次测试后取平均得分，或取最高的得分作为测试结果。

测试上肢力量时，可让球员使用双手过胸投掷篮球：将卷尺展开竖放在地板上，让球员站在起点处，尽可能远地过胸投掷篮球；确保有人站在卷尺的旁边看到或标注篮球落地的位置，从而得到较为精确的测试结果；球员重复投3次，取平均得分，或者取最高的得分作为测试结果。也可以让球员进行一分钟俯卧撑测试（完整的全身俯卧撑）：每个球员在一分钟内完成尽可能多的俯卧撑（确保动作正确）；可以做2次或3次测试，中间有休息时间；采用与双手过胸投掷篮球相同的评分方式。

球员将会开始感受良好的整体力量训练带来的改变：变得更强壮并发现自己可以更好地控制身体。当他们进行快节奏的运动时，他们将能够移动得更快、跳得更高、更好地运用自己的技能。他们能保持注意力，持续比赛长达数小时之久。

核心力量

像关系链一样，核心的强度取决于最薄弱的环节，身体的核心将最终决定一个球员可以把自己的力量、速度和敏捷性结合起来，并使之成功地运用到排球比赛中。核心是指身体的腹肌、腰背部的肌肉和臀腰部的肌肉。核心力量对排球运动员至关重要，尤其是有几个技能是需要球员在空中完成的，但核心力量很难被单独测试。核心力量测试之一是一分钟仰卧起坐：确保手臂在胸前交叉，手在脖子的后面扣住颈部；进行3次测试，中间有休息时间，取平均得分或最高的得分作为测试结果。

排球运动员要想发挥出爆发力，也必须具有强大的核心——在发球、扣球和拦网时能结合强度、力量和速度。因此，每一项排球体能训练计划必须包括巩固和发展核心力量的训练。这不仅仅指仰卧起坐和卷腹运动（它们很重要，但不足以发展全面的、真正的核心力量），还必须包含主动性练习，如弓步走、提腿跳、跳跃深蹲。其他如加重实心球、稳定球和阻力带的练习也可以被纳入训练计划。

速度

速度测试可以是记录球员在球场上往返冲刺跑30英尺（1英尺≈0.3米）3次的平均时间，用来测试的球场大小要尽可能接近比赛场地。球员从一侧边线的位置起跑，当球员开始冲向对侧的边线时启动秒表，球员到达对侧边线后停下来用一只手触摸边线，转身跑回起跑处的边线处触摸边线，然后再次跑向对侧边线，通过对侧边线时停止计时。这样的往返跑在球场上进行3次，取用最好的成绩作为测试结果。

尽管排球场的面积通常比其他体育场地小，但这项运动的关键之一是球员能在球场上达到最快速度。球员需要跑动去传球，迅速移动去接球，或迅速移动去拦网或扣球。球员可以花大量的时间在其他领域，但他们需要知道，他们的成功在一定程度上取决于他们如何快速地从A点移动到B点。

敏捷性

敏捷性对于大多数运动而言是很重要的，被认为是一种快速改变身体运动方向的能力。排球运动要求球员在狭小的空间内迅速改变身体运动方向，使用高质量的移动步法移动到正确的位置进行接球、不规则地传球、扣球、布置拦网、阻止对方的攻击或防守对方的扣球。敏捷性和移动步法属于身体技能，必须加以训练和测量。有一个简单的敏捷性测试叫作T形检测，即在一条直线上每隔15英尺设置3个锥桶，在中间的锥桶往下10英尺处放置第四个锥桶形成T形。对于排球运动员而言，这基本上意味着每条边线上有一个锥桶、一个锥桶在中间、一个锥桶在底线。球员从T形底部或底线处的锥桶后面出发。教练给出开始信号并启动秒表。球员向前跑向中间的锥桶，触摸到锥桶，侧移到左边锥桶（总是面对网），用左手触摸锥桶，再向右侧移到右边的锥桶，用右手触摸锥桶。然后球员侧移回中间的锥桶，触摸它，跑回T形的底部或底线处，触摸此处的锥桶，停止计时。这个测试用于测量球员的敏捷性，包括稳定重心、迅速变向并保持运动时身体的重心位置较低，这些技巧在本书中将经常被提到。

对排球运动而言，在很多情况下球员必须能保持一个平衡的体位，且能够在球场上迅速改变方向。后排防守球员需要做好准备去救球，但通常情况是球击中了拦网球员的手就变向了，而原接球方向的球员本来已卡好位。

爆发力

爆发力是排球运动所需的另一个主要身体技能。你应重点关注的是球员下肢的爆发力，它能够帮助球员在进攻和防守时、追传一个坏球时或迅速救球时都能跳得很高。两个较简单且较准确的爆发力测试，分别是立定跳远和垂直跳。安排这两个测试时，球员需要站在一个固定位置上，以便测量其在无助跑条件下的最大限度的爆发力。球员可进行多次测试，并以最好的一次测试成绩作为测试结果。

在垂直跳时，在墙壁上垂直放置一个卷尺。球员站在墙壁旁，双脚平放在地上，用最靠近墙壁的手向上伸。在指尖碰到的位置做标记或记录，这个高度是站立高度。然后球员站在离墙略微有点距离之处，尽可能高地垂直跳起，使用双臂和双腿的力量帮助身体向上升。球员努力上跳到最高点并触摸墙，这个高度是跳跃高度。站立高度和跳跃高度之间的差值就是垂直跳的分数。球员可跳3次并以最高的分数作为测试结果。韦尔特克测量仪是一款很好的测量设备，用它来进行垂直跳测试非常准确。

排球运动创立之初就设定了网高，至关重要的是，球员使用腿部力量从地板上帮助身体向上升，这样他们就可以在更高的接触点扣球，从而增加把球扣进对方场地的成功率。能够跳得高并把手伸过网阻止对手扣球过网也是拦网球员的一项必备技能。

灵活性

灵活性是比较容易被忽视的身体技能，但其实是最重要的身体技能之一。增强灵活性将帮助球员提高几乎所有其他身体技能的发挥水平。

球员经常需要扩展他们的身体去救一个球或处理不规则的球。良好的灵活性可以防止球员持续受伤，如腹股沟拉伤或腿部筋膜和肌肉拉伤，保护他们的关节不会受到更严重的伤害。

评估非身体技能

运动技能也会受到其他一些因素的影响。你必须承认并强调心智能力、沟通能力和性格特征，它们能激发球员的最佳运动机制。

尽管提到了身体技能、心智能力、沟通能力和性格特征的重要性，然而本书的重点是对基本技术、战术技能的指导训练。本书深入讨论的关于身体和非身体技能的教学和研究，可参考雷纳·马滕斯的《执教成功之道》（第三版）的第9~12章。

心智能力

排球是一项需要快速移动的运动，需要球员努力和聪明地击球。球员为实现运动目标需要保持对技术的专注，需要了解对手的优势和劣势。当对手的势头上升时能与队友一起保持积极的态度，并且能专注于下一个球而不是一直想刚刚发生了什么事。

然而，对于排球运动员而言，能了解和掌握赛况，能在合适的时机运用合适的技能靠的是心智能力。他们必须努力对待每一分，持续留意发挥得好与不好的地方。球员必须准备好适应他们的对手，了解对手在做什么样的进攻和防守。技术技能能够流畅地发挥，需要球员掌握排球运动的知识、规则，并且需要球员专注于发现团队中的一些细微变化，同时保持镇定。"心理韧性"可能是用来描述程度和决心的最好和最简单的词，指球员在漫长的排球比赛中能有效执行适当的技术和战术技能的能力。

沟通能力

排球运动也需要不同程度的沟通技巧，球员在球场上、教练和球员在训练和比赛中都需要沟通。作为一名教练，在比赛暂停期间和局间你必须向球员传达比赛计划和策略的调整，因此对排球运动而言，沟通能力是必不可少的。你应该花大量的时间协调沟通体系，因为它属于进攻和防守体系在球场上的弥补，并可用来解决各种突发问题。

性格特征

最后，性格特征能帮助塑造团队的表现。在排球这项运动中，当队长发出指令、比分来回变化、队友们需要在比赛中相互替补时，良好的性格是球员克服困难的关键。

评估工具

排球教练应该用视频记录训练和比赛过程，以分析和评估球员基本技术和战术技能的发挥。视频是有用的，因为排球运动中的动作很快，要看清每个动作是很困难的。通过视频你可以反复查看球员的训练或比赛情况，并对每个球员进行评估。视频也是一个很好的教学工具，因为球员可以看到自己的表现，听取你对他们表现的评价。此外，现场延迟视频在训练中可以帮助球员评估和纠正自己的动作。

你可以使用许多不同的方法来评估你看到的视频。最常见的方法并不是一个真正的方法，而是你观看视频时的主观感受。你不需要记笔记或系统地评估每一个球员。因为时间和人员的限制，很多教练通过下面这种方式使用视频：预览视频，收集感受，然后和球员在场边即时或稍后一起观看视频，并和球员分享自己的感受。

根据比赛的水平，很多教练使用视频和计算机软件系统地分解球员的比赛情况，教练一般对于各种数据的标准很感兴趣，并会重点分析球员特定的技术和战术决策上。评分过程可以是简单的，例如，你可以简单地给球员每次的表现打一个正分或负分，总正分和总负分之和就是对球员比赛表现的打分。或者，你可以给球员在比赛中的每一个方面打分，如给他的技术和战术决策分级。更复杂的分级系统会根据球员在场上所处的特定位置来统计数据。分级系统可以统计各种细节数据，除此之外，大多数教练都使用某种形式的统计制度来评估球员和团队的表现。大多数分级系统是基于比赛（或重复训练）来分析球员表现的，可以加上实际训练或比赛的总体表现分析，教练需要把这些提前列在表格上。以下是一些基本统计数据，你可以根据其来评估某个球员或整个团队。

- 每场比赛（局）的得分：直接发球总得分、总拦网得分和总进攻得分之和除以总比赛场数（总局数）。
- 进攻效率：进攻次数减去进攻失误之后除以总进攻次数。
- 进攻得分比率：进攻总得分数除以尝试进攻次数。
- 发球得分—发球失误比率（A-E比）：发球直接得分总数除以发球失误总数。
- 一传效率：总得分（基于三分打分制）除以一传总数。三分打分制是指一传手完美地把球垫到目标区域给三分；如果一传手垫的球接近目标区域，但不能使二传手传给副攻手，给两分；如果另一个队友（除了二传手）介入传球给一分；如果对方发球直接得分给零分。
- 一传成功比：一传成功总数（三分打分制里的能打三分的一传）除以一传总数。
- 每一轮的得分：球队每一轮的得分和对手每一轮的得分相比，每一轮的成绩或是一个正分，或是一个负分。

球员评估

美国排球绩效团队的教练会在一些特定领域评估他们的球员，如身体技能、一传、二传、进攻、防守和拦网。他们还会评估球员对排球运动的理解程度，以及其观察比赛的能力。下面是一个全面的评估列表，可供你在评估自己的球员时进行参考。

- 身体技能：助跑跳高度、拦网跳高度、往返跑速度、上肢力量和下肢力量。
- 一传能力：步法、重心、头顶传球技术、精准度和沟通能力。
- 二传能力：步法、手指和手臂技术、准确性、移动速度、与进攻球员的距离感、处理不规则球的有效性、沟通能力。
- 进攻能力：步法、摆臂技术、抓时机能力、扣球选择、处理不规则球的有效性、处理过渡球的能力和沟通能力。
- 防守能力：预判对方的二传手和进攻球员的能力、步法、卡位和掌控身体位置的能力、控球能力、覆盖能力、地面技术、沟通能力。
- 拦网能力：步法、并手能力、预判对方进攻球员的能力、沟通能力。
- 认知能力：准备程度、是否善于纳谏、是否具有自我激励意识、判断方向的能力、执行能力、竞争力、是否接受自身角色、是否自信、是否具有团队意识、领导和执行能力。
- 对比赛的理解能力：配合团队进攻和防守的能力、对比赛和球场的适应和把控能力。

表2.1a和表2.1b显示了一个评估工具的范例，可以让你分别了解球员的技术和战术技能。该工具将具体技能分解成多个组成部分，使你可通过统计数据客观地评估球员的表现。通过客观评估以及使用第2部分和第3部分提到的技术和战术技能作为指南，你可以创建一个评估工具并在赛季期间对球员进行全方位的评估。

表2.1a　技术技能评估：扣球（右手扣球的队员）

| 关键分 | 技能等级 | | | | | |
| | 弱 | | | | 强 | |
	1	2	3	4	5	备注
方式						
启动速度，慢到快	1	2	3	4	5	
左右移动	1	2	3	4	5	
左脚向前起跳	1	2	3	4	5	
球落在右肩前方	1	2	3	4	5	
落地时双脚的平衡性	1	2	3	4	5	
摆臂						
双臂同时摆动，从后往上	1	2	3	4	5	
摆臂高度，低到高	1	2	3	4	5	
摆臂速度，慢到快	1	2	3	4	5	
触球	1	2	3	4	5	
甩腕	1	2	3	4	5	
扣球并使球穿过对方的拦网球员	1	2	3	4	5	

表2.1b　战术技能评估：二传手选择最合适的扣球球员

| 关键分 | 能力等级 | | | | | |
| | 弱 | | | | 强 | |
	1	2	3	4	5	备注
掌握赛况	1	2	3	4	5	
说到"看球"时能避免干扰	1	2	3	4	5	
运用合适的团队策略和比赛计划	1	2	3	4	5	
适当利用规则	1	2	3	4	5	
根据适当的赛时身体条件使用适当的信息	1	2	3	4	5	
使用适当的信息了解对手的优缺点	1	2	3	4	5	
自我认知和团队认知	1	2	3	4	5	

如你所知，评估战术技能更困难，因为有很多外在因素会影响战术技能在比赛时的发挥。然而，作为教练，你可以使用一个类似表2.1b的表格来评估球员执行战术技能的能力。你需要更好地把战术技能分解为多个组成部分，在表2.1b中，我们使用一个通用表格来展示如何分解二传手选择最合适的扣球球员的战术技能，其中一些关键分会在第5章和第6章中作为指导原则。

表2.1所示的评估工具范例显示了一种简单的方式来评估技术和战术技能，为球员和教练提供了一个大纲来展示需要改进的技能领域。这个工具也可以用来做总结。比赛后，经过一周的练习后，在季前、季后赛或春季后练习中，一个球员可在他所有基本的技术和战术技能方面给自己打分。你也可以给球员打分，然后比较两个评分表。随后的讨论将为球员和你提供未来训练和练习的方向，帮助你决定需要立即关注的焦点，使球员提高他的表现。之后你们可以重复这个过程，这样球员可以在他一直集中训练的领域有所改善。随着这个过程逐步展开，你就可以得到一份更好的球员记分单和你自己的记分单。

你必须在许多领域和许多方面评估球员。这个教导、分析、评估和激励球员提高技能水平的过程定义了教练的工作：把球员带到一个仅凭他自己无法到达的高度。没有你，球员不会有明确的方向，他们不知道使用何种方法或如何使用某种方法来成为一个更好的球员。你还需要提供专业知识指导并激励球员取得进步。评价球员的技能可能至关重要，你需要小心地进行评价，避免纯粹的负面评价。你应努力让球员掌握尽可能正确的技能，并据此提供反馈。

最后，尊重球员对评估结果的讨论。球员在每一项运动和每一年龄段都想知道你有多在乎他们，甚于在乎你知道多少。你需要记住，有时必须停止教学和评估过程，把球员当作一个独立的成人来对待。你必须花时间和球员讨论比赛以外的知识。你必须向每个球员展示你对他们的关心，要愿意倾听每个球员的问题，如果球员希望得到帮助，你应在合法合理的范围内帮助他。一个球员的个人生活有时会影响他的运动表现，你必须对此比较敏感。你需要花时间了解你的球员，并以人第一、球员第二为原则。球员会为最在乎他的教练发挥出最佳水平。他们的能力将会提高，他们的表现将会提高，因为教练非常关心他们，并能鼓励他们，他们想要回报教练。在他们结束自己的运动生涯时，他们知道从教练那里学到了受益终身的道理，即尊重和关心别人同习得排球技能一样重要。

第 2 部分

教授技术技能

至此你已经学会了如何教学与评估技能，接下来则要深入学习排球运动员在排球运动中获得成功所需的专门技术技能。这个部分专门讲述排球运动员获取成功所需的初级技术技能和中级技术技能，包括与发球、传球、垫球和击球相关的进攻技术技能，以及与拦网和救球相关的防守技术技能。

第3章和第4章以简明易懂的方式提供了许多资料。更重要的是，你可以立即将所学的知识运用到实践中。无论你是经验丰富的教练还是刚入行的新手教练，都会发现本部分介绍的技术技能对运动员非常有帮助。

对于每项技术技能，我们首先罗列关键点，即该项技术技能最为重要的方面。所列出的关键点是正确执行每项技术技能的线路图。我们将对这些关键点进行详细解释，包括通过指导图表来帮助你更好地理解它。

在对每项技术技能的关键点进行说明后有一个常见错误表，其中包括球员的常见错误及纠正方法。此外，我们还添加了一个非常有用的"看一看"栏目，通过它你可以找到本书中提供的其他工具，从而帮助你教会运动员掌握特定的技能——既有获得成功必须学会的技术技能，也有包含这项技术技能的战术技能。

进攻技术技能

本章讨论排球运动员要想获得成功就必须掌握的进攻技术技能，具体如下所示。

进攻技术技能	页码
发球	
下手发球	25
侧面发球	29
站立发飘球	34
跳发飘球	39
上旋球	43
抡臂发球	46
跳旋球	50
传球	
前臂传球	55
头上传球	59
正面传球	63
背后传球	68
侧面传球	72
跳起传球	76
单手传球	80
前臂垫球	84
进攻	
前排进攻	88
后排进攻	93
快速进攻	97
背飞	102

发球

　　在排球运动中，发球是球员能够全面控制的技术技能。尽管有许多种不同类型的发球方法，但每种发球方法都应该遵循普遍的指导原则。发球的主要目标从小处讲是开启比赛，从大处讲是为了得分。在排球运动中较容易的得分方法就是让己方发出的球难以被对方接传，球员应通过发不同类型的球来打破对方球队的传球平衡。不管发什么类型的球，只要球的运动速度足够快，球过网时留给对手的反应时间就较短。这样，对手进入良好的位置传球的时间就会变少，或者当球落在两个对手之间的空隙时，他们会难以进行有效沟通。攻势凌厉的发球能够破坏对手的防守体系并扰乱他们的节奏。发球时要考虑的其他因素包括球的运动速度、发球球员相对于底线的位置和距底线的距离，以及球落入对方场地的目标位置。毫无疑问，发球时偶尔也会出现失误。请记住，纵向和横向发球出界总比发球撞在网上强，不要给对手留出决定是否接球的机会。

　　在发球时，你和你的球队必须知道以下几项指导原则。

- 每次发球都会计分。
- 发球是排球运动中球员能够全面控制的技能，包括球的落点、运动速度和运动轨迹。
- 如果出现发球失误，则对方球队得分。
- 攻势凌厉的发球有更大的机会破坏对手的防守体系并扰乱他们的节奏。
- 发球得分的概率应该比发球失误的概率高。
- 发球球员每次发球都应该遵循例行步骤，包括深呼吸、选择目标和发球。
- 简单有效的发球方法有助于发球球员获得更多的重复性成功。
- 总是模拟比赛情形发球。

下手发球是将球发过网，使比赛开始的一种方法。首先，发球球员用一只手将球持在腰部以下，然后稍微脱手抛起，并用另一只手击其下部，使球飞过球网。下手发球是最容易操作的发球方法之一，通常被教给年轻球员和新手球员，因为他们的身体素质还不足以支撑他们进行上手发球。

关键点

以下是下手发球的关键影响因素。
○ 身体平行于目标。
○ 短抛。
○ 接触球。
○ 随球动作对准目标。

身体平行于目标

图3.1　下手发球时球员与目标保持平行

发球球员应该沿着底线挑选一个舒适的发球位置，并从该位置进入球场展开防守。发球球员应该面向球网另一侧的发球目标，前脚（击球手的对侧脚）对准目标，而且身体与目标保持平行（参见图3.1）。发球球员要保持身体稳定，膝盖稍微弯曲处于平衡的运动姿势，上半身稍微前倾，让重心落在后脚上。

短抛

发球球员将球托在非击球手的手掌上，再将抛球手伸在击球手一侧肩膀的前方，将球持在臀部高度。发球球员将球从手中短距离抛起，高于臀部（参见图3.2）。下手发球的抛球比上手发球容易控制，有助于年轻球员学习。

图3.2　下手发球时球员将球短距离抛起

接触球

球从手中抛出后必须在空中与击球手接触，当击球手接触球时，发球球员要看准球，确保发球有力，这点非常重要。手接触球的部位必须是坚实平坦的。发球球员可以采用完全攥紧的拳头、半开的拳头或者完全展开的手掌击球（参见图3.3）。触球位置应该刚好位于球后的中线下方，以让球向前上方飞过球网。发球时，发球球员还可以做一个前踏步向前移动重心（参见图3.4），或者不需踏步直接将重心前移。这两种方法都能够给球施加更大的力量，让球飞过球网。

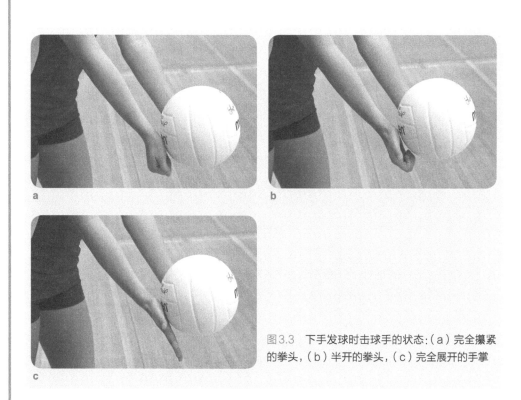

图3.3 下手发球时击球手的状态:（a）完全攥紧的拳头,（b）半开的拳头,（c）完全展开的手掌

图3.4 下手发球时接触球之前球员的姿势,通过向前踏一步前移身体重心

看一看

以下各节提供了关于下手发球的其他信息。

技能	页码
侧面发球	29
站立发飘球	34
跳发飘球	39
上旋球	43
抡臂发球	46
跳旋球	50
前臂传球	55
头上传球	59
进攻性发球	142
团队接发球	146

图3.5 发球球员对准目标的随球动作

随球动作对准目标

击球手(与球接触的那只手)在击球后应运动至肩膀高度,发球球员要面向球场,就好像要将手从球网上伸过去一样(参见图3.5)。这类似于保龄球的松手和后续动作。在进入球场进行防守前,发球球员要短暂保持该随球动作。

（续）

常见错误

以下是教练教球员下手发球时，球员可能会出现的几个常见错误及相应的纠正方法。

错误	纠正方法
没有面向目标	告诉发球球员，发球前必须集中精力，确保双脚、臀部和肩膀与目标保持平行
向前踏错脚	告诉发球球员，为了保持平衡和获得更大的力量，击球手的对侧脚应该向前踏出一小步，从而使身体的重心向前转移
抛球不准确	告诉发球球员，稍微将球从手中抛起即可，而且在触球前抛球手要与击球手的肩膀对齐
发球缺乏力量	告诉发球球员，将球抛起在击球手的稍前方，朝着球网的方向，从而通过转移身体的重心来提供更多的力量；在挥动手臂接触球的过程中要加速
触球时肘部弯曲	告诉发球球员，在先向后再向前挥动手臂的过程中注意保持手臂伸直，让力矩更长、更准确
腕部或手松弛	告诉发球球员，为了发球更准确，击球手及其腕部要保持结实稳定。让发球球员练习对着墙径直发球，以形成良好的控制能力

侧面发球是指稍微将球抛起并以侧面姿势击球使其飞过球网。侧面发球也适用于年轻球员。对于身体素质还不足以支撑其使用上手发球方法的球员，可以采用该技术技能，即通过旋转身体发出相较于下手发球更有力量的球。

关键点

以下是侧面发球的关键影响因素。
- 与球网保持垂直位置。
- 短抛球并转动身体。
- 接触球。
- 随球动作对准目标。

与球网保持垂直位置

发球球员应该沿着底线挑选一个舒适的发球位置，并从该位置进入球场展开防守。发球球员的双脚间距大约与肩同宽，不击球的一侧手臂偏向球网的一侧（参见图3.6）。发球球员要保持身体稳定，膝盖稍微弯曲，处于平衡的运动姿势，上半身稍微前倾，让重心落在后脚（距离球网较远的那只脚）上。

图3.6 下手发球时球员与目标保持平行

短抛球并转动身体

发球球员以非击球手的手掌将球持在与腰部齐平的位置，球要远离身体，与不击球的一侧肩膀对齐并稍微偏向球网一侧；将球从手中稍微抛起，然后快速执行击球动作。

球被抛起后，发球球员先将臀部转离目标，再将肩部转向目标，提供更大的击球力矩，让球被更有力地击出（参见图3.7）。该动作让身体重心落在前脚上，发球球员在手接触球期间和之后应让上半身面向球网，以便快速进入球场展开防守。

a   b

图3.7 侧面发球时，运动员将球稍微抛起并旋转身体击球

接触球

在接触球时，发球球员应该看着球。发球球员应将击球手伸出在身体一侧，朝远离球网的方向，然后挥动击球手朝球网方向击球。手接触球时的状态可以是攥紧的拳头、半开的拳头或者展开的手掌，只要触球部位保持结实平坦即可（参见图3.8）。击球点应该朝向目标区域。

a   b   c

图3.8　侧面发球时击球手的状态：（a）攥紧的拳头，（b）半开的拳头，（c）展开的手掌

发球球员在抛球和击球的过程中要转移重心，可以将前脚向球网的方向踏一小步或者仅将重心从后脚转移到靠近球网的前脚（参见图3.9）。膝盖要略微弯曲，肩部稍微向前。

图3.9　击球的过程中，球员将重心前移到前脚

（续）

随球动作对准目标

　　击球手应该运动到肩膀高度，而且发球球员要面向球网进入球场（参见图 3.10）。在进入球场进行防守前，发球球员要短暂保持该随球动作。

看一看

以下小节提供了关于侧面发球的其他信息。

技能	页码
下手发球	25
站立发飘球	34
跳发飘球	39
上旋球	43
抡臂发球	46
跳旋球	50
前臂传球	55
头上传球	59
进攻性发球	142
团队接发球	146

图3.10　发球球员侧面发球时对准目标的随球动作

常见错误

以下是教练教球员侧面发球时，球员可能会出现的几个常见错误及相应的纠正方法。

错误	纠正方法
失去平衡	告诉发球球员必须采用平衡的运动姿势，双膝弯曲，双脚间距与肩同宽
触球不当	告诉发球球员抛球必须准确，而且在身体转动时球要与击球手对齐；看球，确保有力接触
发球疲软无力（球未过网）	告诉发球球员更快地挥动手臂，让球速更快。让发球球员进行核心力量训练，增强躯干力量

（续）

关键点

以下是站立发飘球的关键影响因素。

○ 身体平行于目标。

○ 抛球、挥动手臂并转动身体。

○ 接触球。

○ 随球动作对准目标。

这种发球方法是大多数发球球员所采用的上手发球技术，包括新手和资深排球运动员。如果发球球员的力量能够支撑其以上手动作将球从底线抛过球网，那么就可以学习该发球技术。站立发飘球是一种非常高效的发球方法，因为只要发球方法得当，球在飞行过程中会发生飘移（不旋转），导致球的运动轨迹难以预测，让对手无法准确接球。

身体平行于目标

发球球员应该沿着底线挑选一个舒适的发球位置，并从该位置进入球场展开防守。发球球员开始发球时要将非击球侧的脚置于身前，让重心落在后脚上（参见图3.11）。前脚、臀部和肩膀应该对准目标。膝盖稍微弯曲，身体处于平衡的运动姿势。用非击球手托住球，球大约与肩同高，而且要与发球侧的肩膀对齐并位于其前方。

图3.11　站立发飘球时发球球员与目标保持平行

抛球、挥动手臂并转动身体

　　抛球时，抛球手这侧的前脚应该向前踏出一小步（参见图3.12）或者发球球员直接将重心从后脚转移到前脚。发飘球时，球的抛起高度或者举起（为了使球的高度更准确）高度应该在击球手伸直后能够触及的最高高度。球应该仅在空中短暂停留，以符合举击时间。举起球准备抛球时，击球手的肘部要高高向后缩回（肩膀或以上高度），将击球侧的肩膀转向远离球的方向。球抛起到达最高点时，发球球员要朝着球网的方向依次旋转击球侧的臀部和肩膀，然后使肘部和手向接触点移动。

a　　　　　　　　　　　　　　　b

图3.12　站立发飘球时，抛球手将球抛起，向前踏步并转移身体重心

（续）

接触球

　　发球球员在发球时，精力要集中，而且在接触球时要盯着球。发球球员用平坦的手掌接触球后方中点稍微偏下处，手掌接触球时要面向目标。发球球员的手指不要接触球，要用手掌将球直击出去。同上文所讲的一样，在刚要接触球时，发球球员应将重心前移，接着让肘部和前臂向前移动，手腕和手接触球时要保持结实平坦（参见图3.13）。球应该在击球侧肩膀的前方并与其对齐。

图3.13　发球球员站立发飘球时接触球的动作

随球动作对准目标

　　击球手的随球动作要高（手掌为接触部位），而且手掌要对准目标（参见图3.14）。在进入球场进行防守前，发球球员要短暂保持该随球动作。

看一看

以下小节提供了关于站立发飘球的其他信息。

技能	页码
下手发球	25
侧面发球	29
跳发飘球	39
上旋球	43
抡臂发球	46
跳旋球	50
前臂传球	55
头上传球	59
进攻性发球	142
团队接发球	146

图3.14　发球球员站立发飘球时对准目标的随球动作

（续）

常见错误

以下是教练教球员站立发飘球时，球员可能会出现的几个常见错误及相应的纠正方法。

错误	纠正方法
使用指关节或手指等不平坦部位接触球	告诉发球球员要用手掌等平坦结实的部位接触球，从而避免球旋转并发生飘移
腕部松弛	告诉发球球员在接触球时让腕部和前臂稳定用力
抛球发生旋转	告诉发球球员用手指的指腹持球，而且在抛球的过程中不要有任何旋转动作
抛球过低或过高	告诉发球球员观察发球的那只手所达到的最高高度，然后抛球至该高度
向前踏出击球侧的腿	告诉发球球员在开始时要处于前后站立姿势，并向前转移重心或者使前脚向前踏步以提供更大的力量
手臂挥动缓慢导致缺乏力量	告诉发球球员要快速挥动发球侧手臂以加快发球的速度，并且让手掌的平坦部位结实地接触在球上
发球球员缺乏控制	告诉发球球员在接触球时要观察球，确保手结实地与球接触，而且在接触球时手掌应该对准目标
抛球动作不连贯	告诉发球球员要让双脚处于良好的姿势，让前脚在底线上，但是在举起球和发球的过程中不要踏步，以更好地转移重心。该姿势有利于发球球员抛好球。此外，在开始时发球球员还可以先将击球手及其肘部向后转动，从而减少一个动作和变数。抛球动作必须与击球侧的肩膀对齐。发球球员还应将球抛几次，确保能连续将球抛起至正确的高度和位置

跳发飘球和站立发飘球基本相同，唯一的区别是跳发飘球在接触球的过程中有一个靠近和跳跃的动作。这种发球方法让发球球员能够在更高点接触球，让发球以更加平直的轨迹飞过球网，而且在空中停留更短的时间，让对方的传球球员仅有更短的时间来做出反应和调整位置。只要运动员有足够的力量以上手方法从底线处将球抛过球网，那么就可以学习跳发飘球。跳发飘球非常有效，因为只要发球方法正确，球的飞行轨迹就会发生飘移（不旋转），让落球位置难以预测，使得对方的接球球员极难准确接球。

关键点

以下是跳发飘球的关键影响因素。
○ 站在底线后方几步之外。
○ 靠近底线准备发球。
○ 向球网方向稍微将球抛起。
○ 跳起和挥动手臂。
○ 接触球。
○ 随球动作对准目标，双脚着地。

站在底线后方几步之外

图3.15　发球球员位于底线后方几步之外准备跳发飘球

发球球员应该沿着底线方向挑选一个舒适的发球位置，并在发球后从该位置进入球场中展开防守。发球球员必须离底线足够远，以便在靠近底线并起跳时不会越过底线导致犯规。开始时发球球员应该让非击球侧的脚站在前面，让身体重心落在后面那只脚上。发球球员应该双手持球，球大约齐腰高，而且要与击球侧的肩膀对齐并位于其前方（参见图3.15）。

靠近底线准备发球

完整的三步接近法是指，发球球员要先踏出非击球侧的脚（参见图3.16a），紧接着踏出击球侧的脚（参见图3.16b），然后站稳非击球侧的脚（稍微在前，更靠近球网）并双脚起跳（参见图3.16c）。这种发球步法和在球网前发起进攻时所采用的步法一样，这点将在第88~90页讨论。跳发飘球时也可以采用两步接近法，即击球侧的脚先向前踏步，然后非击球侧的脚落地立定，让发球球员能够双脚起跳。

图3.16 跳发飘球时发球球员采用三步接近法接近底线

向球网方向稍微将球抛起

发球球员可以双手将球抛起或者仅使用非击球手将球抛起，如图3.16所示。将球稍微抛起至击球侧肩膀的前方的同时，发球球员应踏出三步接近法中的第二步。在两步接近法中，发球球员应在踏出第一步时将球抛起。抛球高度为0.9~1.2米，而且发球球员应稍微倾向球网的方向，跳起来并在高处击球。

跳起和挥动手臂

当发球球员举起球准备抛起时，击球手的
肘部要向后高高缩起，从而转动击球侧的肩膀
远离球。当发球球员跳起至球抛起的最高点时，
臀部和肩膀要绕着中心轴向球网方向转动，接
着肘部和手一起转动，直到接触球。球应该位
于击球侧肩膀的前方且要与其对齐。

接触球

在整个动作过程中，发球球员要关注球，
而且要看到手接触球。发球球员要用手掌接触
球后方中点稍微偏下处，手腕要保持稳定，而
且要稍微向后翘起，避免手指接触到球。发球
球员的手要径直击球，手掌对准球网另一侧的
目标（参见图3.17）。

看一看

以下小节提供了关于跳发飘球的其
他信息。

技能	页码
下手发球	25
侧面发球	29
站立发飘球	34
上旋球	43
抡臂发球	46
跳旋球	50
前臂传球	55
头上传球	59
进攻性发球	142
团队接发球	146

图3.17　发球球员在跳发飘球时的
触球动作

（续）　　**41**

随球动作对准目标，双脚着地

　　击球手的随球动作要高，手掌要朝向目标，同时双脚要平衡落地（参见图3.18）。向前的动力应该在手接触球后驱使发球球员进入球场中，并继续移动到防守位置。

图3.18　发球球员在发球后的随球动作以及双脚平衡落地姿势

常见错误

　　以下是教练教球员跳发飘球时，球员可能会出现的几个常见错误及相应的纠正方法。

错误	纠正方法
抛球不一致	让发球球员在没有向前靠近的情况下练习跳起和抛球，告诉发球球员确保抛球时球与击球侧的肩膀对齐
抛球太靠前或太靠后	让发球球员在没有向前靠近的情况下练习跳起和抛球，提醒发球球员将球向前带且向球网方向举起
步法混乱	首先使用更加容易控制的两步接近法

旋转球是一种上手发球技术，击球力量非常大，通常为中级和高级球员所采用。用这种发球方法发出来的球会以极快的速度通过球网，而且球会发生旋转，因此会比用飘球方法发出的球更快地落到球场中。尽管上旋球的飞行轨迹比飘球更容易预测，但是球的下降速度更快，通常会让对手措手不及，而不是正中下怀。上旋球看起来貌似要从底线飞出去，但是因为旋转的存在，球会落在球场上，而不是落到界外。

关键点

以下是上旋球的关键影响因素。
- 身体平行于目标。
- 将球抛起并转动身体。
- 接触球。
- 随球动作对准目标。

身体平行于目标

发球球员应该沿着底线挑选一个舒适的发球位置，并在发球后从该位置进入球场展开防守。发球球员开始发球时要面向球网，将与击球侧手臂相反的那只脚置于身前，身体重心落在后脚上。用非击球手持球，大约与肩部高度同高，而且位于击球侧肩膀的前方，介于身体和球网之间（参见图3.19）。

图3.19 发球球员发上旋球时身体平行于目标

将球抛起并转动身体

发上旋球时，发球球员要将球直接抛起
0.6~0.9米高，而且要与击球侧肩膀对齐，用
非击球手的手掌持球并向上抛，以上旋方式
向球网前方抛旋转球。在抛起球时，发球球
员应将击球手的肘部向后高抬，并向远离球
的方向转动肩部和臀部（参见图3.20）。当球
降落至击球范围后，发球球员向球网方向转
动臀部和肩部，紧接着将肘部和手移动到接
触点。

图3.20　发球球员以上旋方式将球抛起在
头顶上方

图3.21　发球球员将重心从后脚转移到前
脚，准备接触上旋球

接触球

发球球员要看准球，确保触球位置正确。
首先以掌根接触球，手指张开以更大的面积接
触球。接触点在球后方的中点下方，比跳发飘
球的位置略靠下一些。手臂挥至最高处时，手
腕和手指扣在球的上部，使其飞向球网另一侧
的目标。以这种发球方法发球时，发球球员
可以将重心从后脚转移到前脚（参见图3.21），
或者前脚踏出一小步以提供力量。在接触球
前，背部要后弯。

随球动作对准目标

收紧腹部且身体从腰部向前弯曲，能在发上旋球时提供更多的力量。击球那只手的随球动作应该是高举并伸入球场中，腕部向目标方向突然发力，然后继续向下运动至击球侧身体。在进入球场进行防守前，发球球员要短暂保持该随球动作。

看一看

以下小节提供了关于上旋球的其他信息。

技能	页码
下手发球	25
侧面发球	29
站立发飘球	34
跳发飘球	39
抡臂发球	46
跳旋球	50
前臂传球	55
头上传球	59
进攻性发球	142
团队接发球	146

常见错误

以下是教练教球员发上旋球时，球员可能会出现的几个常见错误及相应的纠正方法。

错误	纠正方法
球撞在网上	告诉发球球员在抛球时应该使球接近身体，并使球位于击球侧肩膀的上方
球从网上飞过时发生飘移而没有旋转	告诉发球球员要以上旋方式将球高抛于头顶上方，而且要前摆手腕击球
未前摆手腕击球	让发球球员向地面拍球，使球旋转弹回到墙上，然后使用手腕练习如何发出上旋球
球出界很远	提醒发球球员更大幅度地前摆手腕，并接触球的更高位置而不是球的底部

关键点

以下是抢臂发球的关键影响因素。

○ 身体位置与球网保持垂直。

○ 稍微向前抛球。

○ 挥动手臂并转动身体。

○ 接触球。

○ 随球动作对准目标。

抢臂发球介于侧面发球和上手发球之间，而且适合各个水平的排球运动员使用。如果发球球员的力量不能支持其以常规的上手动作将球发过球网，那么可以使用这种发球方法。发球球员采用抢臂发球时运用了更多的身体力矩（转动身体），所以比用侧面发球或上手发球时更有力量。抢臂发球还是肩膀受伤的运动员的选择之一。

身体位置与球网保持垂直

发球球员应该沿着底线挑选一个舒适的发球位置，并在发球后从该位置进入球场展开防守。发球球员以非击球侧身体朝向球网站立，而且双脚、臀部和肩膀与球网保持垂直，即与边线保持平行（参见图3.22）。在发球过程中膝关节稍屈曲。

图3.22　抢臂发球时发球球员的身体与球网保持垂直

稍微向前抛球

发球球员用非击球手将球托起至齐腰高且远离身体，身体要稍微向球网方向倾斜，像发飘球一样将球举起至发球球员所能触及的最高高度，而且让球与击球侧肩膀保持对齐（参见图3.23）。击球手和手臂向后放在臀部附近。当击球手向上挥起准备击球时，发球球员应用手掌接触球。

图3.23　发球球员将球抛起至击球侧肩膀的前方

图3.24　抡臂发球时挥动手臂并转动身体

挥动手臂并转动身体

发球球员将击球侧手臂向后收回在臀部附近，上半身保持反向旋转以提供更大的力量。当重心转移到前脚时，臀部和肩膀依次转向球网，伸直的击球侧手臂从臀部向上转到肩膀高度（参见图3.24），接触头顶上方与击球侧肩膀对齐的球。

（续）

接触球

接触球时手的状态可以是完全攥紧的拳头、半开的拳头或展开的手掌，只要接触部位保持平坦结实即可。接触球的过程中发球球员要看着球；在接触球时，非击球侧的手臂下降，重心前移，而击球侧的手臂要高举并向前移动（参见图3.25）。击球时，发球球员可以向前踏一小步或者仅将重心从后脚转移到前脚。在接触球的过程中，发球球员的双脚、臀部和肩膀要转向球场方向以提供更大的力量。

图3.25　抢臂发球时发球球员转移身体重心接触球

看一看

以下小节提供了关于抢臂发球的其他信息。

技能	页码
下手发球	25
侧面发球	29
站立发飘球	34
跳发飘球	39
上旋球	43
跳旋球	50
前臂传球	55
头上传球	59
进攻性发球	142
团队接发球	146

随球动作对准目标

　　击球侧手臂从高位进入球场中，手掌朝向目标并短暂保持该随球动作（参见图3.26）。在进入球场采取防守姿势前，发球球员的双脚、臀部、肩膀应该朝向目标。

图3.26　发球球员抡臂发球时对准预定目标的随球动作

常见错误

　　以下是教练教球员抡臂发球时，球员可能会出现的几个常见错误及相应的纠正方法。

错误	纠正方法
抛球不一致	告诉发球球员确保将球抛起在身体前方，在身体和球网之间，而且要与击球侧肩膀对齐
球撞在网上	告诉发球球员确保接触点位于球的中心稍下处，使球向上飞越球网
球发偏了	告诉发球球员在接触球的瞬间，确保接触部位保持结实并朝向目标区域
发球缺乏力量	告诉发球球员以更快的速度挥动手臂，并以更大的幅度和更快的速度转动身体，增强发球力量

（续）

跳旋球是一种非常出色的发球技术，如果发球球员在击球时有足够的控制能力和速度感，则对手在接球时可能会很困难。任何有足够力量和控球能力的发球球员都可以发这种球。发球球员从底线后方以完整的扣球动作接近底线，然后以上旋方式将球击入对方的场地中。尽管跳旋球的击球力度很大，但是球的运动轨迹是可以预测的，不过上旋运动会让球更快进入对方场地中。在许多情况下，球会落在试图接球的对方球员的前方。另外，只要发得好，跳旋球还会引起球迷的欢呼。

关键点

以下是跳旋球的关键影响因素。
- 身体朝向球网。
- 用击球手将球抛起。
- 接近球并挥动手臂。
- 接触球。
- 着地和随球动作。

身体朝向球网

发球球员应该沿着底线挑选一个舒适的发球位置，并在发球后从该位置进入球场展开防守。发球球员开始时应面向球网并且距离底线足够远，以便能够开展完整的进攻性接近（参见图3.27）。

图3.27 发跳旋球时球员身体朝向球网

用击球手将球抛起

发球球员用击球手的手掌将球托在较低位置，球要与击球侧肩膀对齐，身体重心要保持平衡。发球球员应以肩膀作为支点，并以上旋方式将球高高抛起在身体前方。发球球员要朝向球网的方向，稍微位于球场底线的内侧。抛球的高度应为发球球员能够控制的最高高度，而且要与击球侧肩膀对齐（参见图3.28）。

图3.28　跳旋球的抛球高度为球员能够控制的最高高度，而且要与击球侧肩膀对齐

接近球并挥动手臂

跳旋球的起跳接近动作是用来将水平动作转换成垂直动作的增强跳跃动作。发球球员在抛起球的瞬间就要开始采用四步接近法（也可以采用三步接近法，但是四步接近法能使发球球员在起跳前积累更多的动能）。发球球员开始发球时，击球侧的脚跨出第一步，抛球侧的手臂下放在后面，然后踏出非击球侧的脚，同时抛球侧的手臂向前挥动并释放球。接下来，发球球员依次迈出第三步和第四步（双脚几乎同时着地），并在球到达最高处时跳起击球。在起跳前，膝盖要弯曲以准备跳起，而且双臂要向后伸高；起跳后，快速挥动双臂，猛地向前上方击球，如图3.29所示。

图3.29　发跳旋球时发球球员跳起击球

（续）

跳旋球（续）

接触球

看一看

以下小节提供了关于跳旋球的其他信息。

技能	页码
下手发球	25
侧面发球	29
站立发飘球	34
跳发飘球	39
上旋球	43
抡臂发球	46
前臂传球	55
头上传球	59
进攻性发球	142
团队接发球	146

在身体跳起的最高点，击球侧肩膀应该转向远离球的方向。非击球侧手臂作为指导，向上方伸展并接近抛起的球。击球侧手臂的肘部应该处于高位，手掌张开并朝向远离身体的方向，腕部保持松弛（参见图3.30a）。发球球员的身体要从起跳点向前飞。

接触点应位于球后方中心偏下处，接触球时手要张开（参见图3.30b）。发球球员的手腕应快速向上运动接触球，向目标方向形成上旋球，而且身体要在空中向后弯曲，以提供更多的力量。作为指导的手臂的肘部要向身体下方收，并开始转动臀部和右肩。击球侧的肩膀位于球的正下方时，击球侧手臂的肘部应准备伸展并挥动，让击球手接触球。身体转动完毕时，击球侧手臂应完全伸直。

a   b

图3.30　发跳旋球时发球球员接触球

着地和随球动作

发球球员双脚平衡着地于球场底线内侧（参见图 3.31）。只要在底线后方接触球或者从底线后方跳起在空中接触球，那么发球球员在球场内着地就是完全合规的。击球后，发球球员的手腕和手应向地面方向运动。然后，发球球员应跑入球场开始防守。

图 3.31　发跳旋球时发球球员的着地和随球动作

常见错误

以下是教练教球员发跳旋球时，球员可能会出现的几个常见错误及相应的纠正方法。

错误	纠正方法
发球不一致	让球员在三米线处开始练习。发球球员应将球抛起在球网附近，然后向前接近并将球击过网。球员应不断地向后远离球网，直到退到底线后方发球
球向前抛得太远，而且撞在网上	告诉发球球员必须以攻击性方式追上球，直到接触球时肩膀位于球下方。要练习这种发球方法，首先要让球员尝试以上旋方式将球抛起，球员不需要向前接近就可以击球。此外，借助球场上的线条或地板，还可以帮助球员将从臀部外侧抛起的球和击球侧肩膀的前方对齐
球向后抛得太远，而且球出界	让运动员以上旋方式向球网方向将球抛起，并以攻击性方式追上球
抛球不一致	首先让运动员在接近球时每次增加 1 步（开始是 0 步，然后是 1 步、2 步……以此类推，直到采用完整的接近步数）。此外，让发球球员站在一条与球网垂直的直线上，确保抛起的球位于其前进的方向。告诉发球球员在前进的过程中保持肩膀处于该直线上

（续）

传球

在接发球、高球、低球甚至是轻拨球或进攻球时，可能会用到各种各样的传球。前臂传球是最常见的传球技术之一。传球是排球运动中最为重要的技术之一，而且是决定球队赢得比赛的重要因素。如果接发球球员能够顺利接发球并将球精确地传给二传手，不管是前臂传球还是头上传球，都有助于为进攻球员提供更多选择。糟糕的传球则将限制球队为进攻球员提供的选择。成功的传球球员拥有良好的视野、动作以及手眼协调能力，他们非常自信而且在比赛前和比赛期间能够快速有效地和队友交流。这里讨论两种传球技术，前臂传球是最受欢迎的传球技术之一，头上传球则更适合高水平的排球运动员。

在练习传球时，教练和球员要注意以下几项指导原则。

o 接触球时手臂的角度非常关键。

o 头部要位于双脚的前方。

o 双臂和躯干要独立行动。

o 双臂的移动速度要比躯干快，用来接躯干中线之外的球。

o 要通过一个动作接到球。

o 动作越少，复用性越高。

o 在压力下传球时，动作要连续。

前臂传球用来接过网的高球或发球。双手和双臂并拢形成平坦结实的表面，传球球员应通过该表面接触球并将球传给二传手或球网附近的目标区域。精通该技能对于排球运动员的成功至关重要。

预备姿势

双脚比肩宽，稍微前后站立，右脚稍微向前，膝盖弯曲。球员身体应该处于中等高度姿势，以便快速移动。上半身向前弯曲，头部位于双脚的前方。双手应该悬垂于膝盖前方，肩膀放松，锁定肘部，双手张开（参见图3.32）。该姿势看起来很像棒球运动中的游击手等待击球手击球时的姿势。双脚应该朝向球过来的方向（或朝向对方的发球球员）。在做出预备姿势时，球员应该快速评估其在球场中相对于其他队友以及边线和底线的位置，以便做出良好的判断，决定是自己接球还是让队友接球，或者让球出界。

图3.32 **球员进行前臂传球前的预备姿势**

判读对方的发球球员

在准备接发球以及裁判准备吹哨时，球员应该处于预备姿势且要关注对方的发球球员。球员要观察对方的发球球员所看的方向，并通过观察抛球的高度、方向和接触球的位置确定对方的发球球员想要将球发往何处。关注这些细节有助于球员判读发球的类型以及球将要落在何处。在球从对方的发球球员手中发出至球被接住这段时间，球员要持续关注球的动向。球员要观察球的方向、飞行轨迹、速度和旋转状态，并与队友交流这些信息。

向球的方向水平移动

一旦确定了球的方向后，球员要向球的方向快速挪动，双脚分开，右脚向前，身体保持平衡，试图将球挡到想要其落下的位置。球员应该尽力让双脚接近球，而让身体位于球的后方尽可能远处，即在身体的中线处挡住球。动作要保持水平，仅需向下移动头部和眼睛。这样做非常重要，因为球员不仅能够清楚地看到球，而且不必浪费时间升高和降低身体。

用平坦部位接触球

球员要使用双前臂并拢时形成的平坦部位接触球。球员要保持球、平坦部位和目标在视野范围内，在接触球后尽可能停下来并保持平衡。接发球（或高球）的传球目标位置就在球场中线的右前方（参见图3.33），因此球员要将平坦部位的角度调向该方向，而且在接触球后要将重心转移到右脚上，并朝向目标位置。球员应在快接触球前才并拢双前臂形成平坦部位。如果双臂并拢过早，就会妨碍球员快速有效地接近球。

球员应该使用前臂内侧介于手腕和肘部之间的多肉部位接触球，以提供良好的回弹表面。拇指根应该并拢，手腕向下伸展。肘部要伸直，前臂要放平。接球的平坦部位应该远离身体，位于排球的下方且肩膀耸起。球员通过降低内侧（靠近目标位置的一侧）肩膀来调整双臂和肩膀的角度，使其朝向目标位置。理想情况下，当球落至腰部和膝部之间的高度时，球员应接触球（参见图3.34）。这样传球球员就有更多的时间准备接球，而且让飘球有足够的时间停止移动或者以更加可以预测的轨迹飘落。如果到达接球位置时球的高度过高，传球球员应该快速向后退步，使身体向目标方向转动，同时保持接触球的部位结实且对准目标位置。在球靠近接触球的部位的过程中，球员要持续关注球，确保能够准确接触球，然后将关注点转移至目标位置。

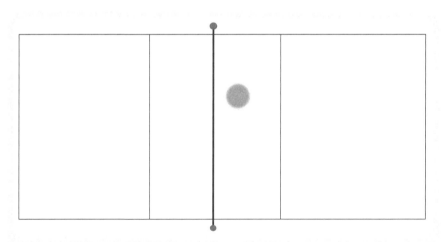

图3.33　前臂传球的理想目标位置

图3.34 前臂传球时接触球

看一看

以下小节提供了关于前臂传球的其他信息。

技能	页码
正面传球	63
背后传球	68
侧面传球	72
前臂垫球	84
掩护进攻球员	121
进攻性发球	142
团队接发球	146
二传快球	155
扣二次球	158
接高球	177
追逐救球	187

图3.35 球员接触球后，平坦部位要对准目标

平坦部位对准目标

接触球后，球员还需要让平坦部位持续对准目标，同时保持平衡姿势（参见图3.35），然后向前移动扣球或者掩护队友扣球。如果球员不能保持该姿势，则表明其在传球时身体不平衡。如果发生这种情况，球员和教练要花时间观察传起的球的运动轨迹，并进行相应调整。

（续）

常见错误

以下是教练教球员前臂传球时，球员可能会出现的几个常见错误及相应的纠正方法。

错误	纠正方法
弯曲肘部	提醒球员不要弯曲肘部，保持双臂伸直会让传球更加准确，传球时弯曲伸直的肘部是在浪费时间
传球方向严重偏离目标，或者球从手臂上弹出到界外	提醒球员身体必须位于球的后方。让球员追逐补救传球方向偏离的球数次，以使其学会在接触球时让球位于身体和球网之间
双前臂并拢过快	提醒球员这会影响其快速向球移动。让球员先跑到球附近，在接触球前的瞬间才将双前臂并拢
刚好把球传过网，但遭到对方扣球	提醒球员需要根据其与网的距离和球的速度来调节双臂的高度和角度。这将随着经验的积累而变得更加容易
将球竖直垫起，而不是向前方的球网方向传球	提醒球员需要等球下降至腰部再接球，而不是刚到肩部就开始接球。球员可能需要前进或后退一两步，让球保持在其前方的较低位置，然后将球向目标方向传去

头上传球

任何球员都可以采用头上传球技术来接过网球。在绝大部分比赛中，允许通过头上传球来接发球或扣球。以头上传球作为一传不一定要非常完美。发球时排球的飞行速度较快，因此只有双手足够强壮的球员才能尝试接发球。球员需要保护手指，避免手指受伤。

关键点

以下是头上传球的关键影响因素。
○ 预备姿势。
○ 向前移动。
○ 接触球。
○ 朝向天花板的随球动作。

头上传球还可用来将高球传给二传手。头上传球技术与垫球技术稍有不同，球员采用头上传球技术时所受的限制比常规的二次接触垫球技术更小，因为二次接触垫球要求第一次接触的球必须来自球网的另一侧。

在下列情形中，球员可以使用头上传球技术来接发球。

○ 短球，因为球的飞行速度不快而且飞行高度比较高，因此来球的力度较小。

○ 球位于球员的腰部或肩膀上方而且飞行速度不是特别快，球员可能要接近球网处做好预备姿势，以便快速转换击球。

○ 任何时候传球队员都可以直接在球下传球。除非球位于球员的额头正上方，否则很难进行头上传球。

○ 任何需要加快传球速度以攻破对方拦网球员的时候。由于需要在更高的位置才能接触到球，所以应该让球能够更快地由一传手转移给二传手。

预备姿势

在球进入球场中间（中线和底线之间的平分线）前，球员要做好预备姿势（参见图3.36），这样就能够采用头上传球技术接发球而不至于让球出界。

向球移动

在球发出后，球员要向球将落下的方向移动并做好预备姿势，以便能够在额头正上方接触球。

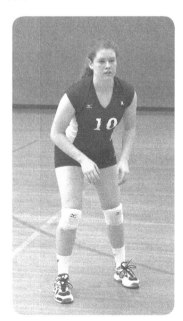

图3.36 头上传球的预备姿势

接触球

在将要接触球前，球员要将手举起在额头的前方，确保能够快速向前移动，不会因双臂抬起而减缓移动速度。然而，球很可能会以非常快的速度飞行，所以球员必须快速将双手举起。双手的位置要比二传时稍微靠拢一些，而且手指要张开（参见图3.37a）。手腕要伸直，手指要伸展开，确保球与手的接触面积较大（参见图3.37b）。一旦接触球后，双手和双臂要向上移动，将球传给二传手或传到目标区域，即球场中线右侧中间附近区域，而且要离球网几步远（参见图3.37c）。传球的高度大约离地面3米高，而且球要被传向目标区域或二传手。

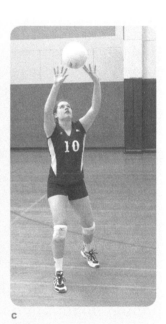

图3.37　球员进行头上传球时接触球

朝向天花板的随球动作

图3.38 头上传球时球员朝向天花板完成随球动作

球员在接触球后要保持双手向上举，双手和手指朝向目标方向的随球动作（参见图3.38）。

看一看

以下小节提供了关于头上传球的其他信息。

技能	页码
前臂传球	55
正面传球	63
背后传球	68
侧面传球	72
跳起传球	76
单手传球	80
前臂垫球	84
进攻性发球	142
团队接发球	146
二传快球	155
扣二次球	158
接高球	177
使用自由人	180

（续）

常见错误

　　以下是教练教球员头上传球时，球员可能会出现的几个常见错误及相应的纠正方法。

错误	纠正方法
球从球员手中穿过	向球员额头正上方抛球，让其接球时拇指和食指呈三角形。在球员学会如何正确闭合双手前，提醒球员要小心抛球，不要太用力
球径直飞走，而不是落向目标区域	提醒球员双手和手指的随球动作需要朝向天花板。如果来球刚好朝向球员的脸，则提醒球员必须大幅度弯曲膝盖，让头部和双手位于球的下方，将球向上传
传球的手还不够强壮	让球员尝试用指尖做俯卧撑，增加双手的力量

正面传球

正面传球本质上是一种头上传球，它是对头上传球技术的特别运用。正面传球用来将球传给进攻球员，使其能够用力挥臂扣球，并能避免球撞网或飞过中线。正面传球是给进攻球员传可扣球的精确方法，因为传球球员传球时使用的是双手而不是前臂。双前臂在并拢形成平坦部位时可能会形成不同的角度，因此正面传球更加准确。

关键点

以下是正面传球的关键影响因素。

○ 预备姿势。
○ 网前姿势。
○ 双手位于额头上方的姿势。
○ 接触球。
○ 朝向天花板的随球动作。

预备姿势

二传手需要快速移动到球场的恰当位置，以便从靠近球网的目标位置将球传给进攻球员。二传手的上半身应该向前倾斜，双脚呈前后站立姿势，通常是右脚稍微位于前面，随时做好移动准备，尤其在接发球后或者队友将球救起时。二传手的身体重心要落在双脚的跖球部位上。二传手必须能够判读球场上的形势和球的动向，以便快速移动到球网前的正确位置。二传手还必须知道队员在球场上的分布，避免在接发球时抢球。

网前姿势

如果二传手在发球或接球前未在预备位置上，那么应该迅速向球网前的目标区域移动，到达后以平衡的姿势停下，身体处于中等高度的预备姿势，双脚和额头位于球的下方和后方，准备好在球到达时接球（参见图3.39）。二传手的肩部和臀部应该面向球场的左侧（4号位；参见图3.40，了解球场上的号位划分），从该位置能够垫起绝大部分球。球员的双脚应该齐肩宽，其中右脚稍微向前，双膝弯曲，以避免意外将球垫过网。让最靠近球网的那一只脚向前，这样肩部面向更合适方向的可能性更大，能够避免球飘到另一侧，遭到正在等待的对方的拦网球员反击。

图3.39　正面传球时二传手站在网前

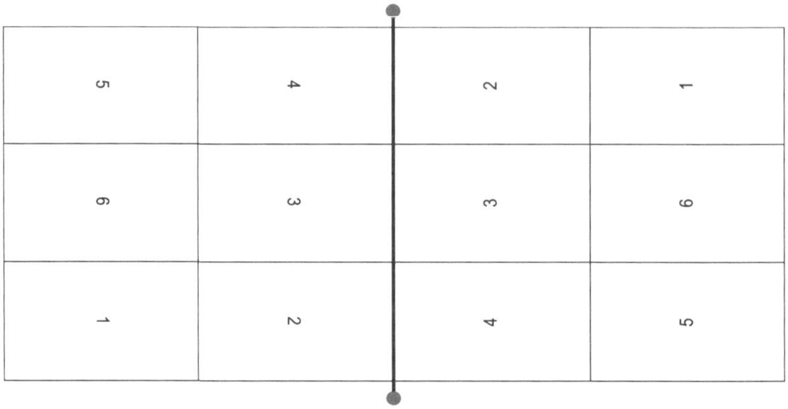

5	4	2	1
6	3	3	6
1	2	4	5

图3.40 球场上的号位划分

　　重要的是，二传手每次都要以自然平衡的身体姿势接触球，这样就能在传球时不暴露意图，以骗过对手。在这个姿势下，二传手能够看到对方拦网球员的动作，在准备将球传向目标区域时也能够看到己方的传球球员和传球接触部位。在二传手到达该位置准备传球时，他要快速扫一眼（仅移动眼球）左侧的标志杆，了解自己在球场上的确切位置。

双手位于额头上方的姿势

　　一旦进入恰当的位置并准备接触球，二传手要将双手举起。二传手要将双手张开，手指放松伸张，双手的拇指和食指形成一个三角形，双手在额头前上方形成适合接触球的状态（参见图3.41）。肘部向外，自然舒适地弯曲约90度。二传手要通过拇指和食指形成的三角形观察来球。在球到达前，双手要提前放在额头上方。

图3.41 正面传球时二传手的手部姿势

接触球

所有手指的指腹应该接触球，其中食指、中指和拇指的接触面积最大，且接触球的下部后方（参见图3.42a）。球不要接触到手掌，也不要停靠在手中。无名指和小指帮助拇指控制传球的方向。球的重量和冲击力将使手腕稍微向额头方向移动，然后二传手在接触球的瞬间马上向前上方伸展手腕和肘部，将球传出（参见图3.42b）。二传手可以通过腕部吸收冲击力让来球变得轻柔，从而快速将球传出。二传手还应该同时向前上方推举和伸展双腿和双臂。给球施加的加速度能够控制传球的距离和高度：球距离目标越远，需要施加的加速度越大，且需要越多地使用双腿的力量。

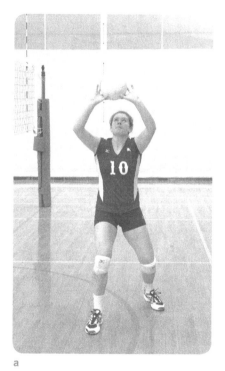
a

b

图3.42　二传手在正面传球时接触球

（续）

看一看

以下小节提供了关于正面传球的其他信息。

技能	页码
头上传球	59
背后传球	68
侧面传球	72
跳起传球	76
单手传球	80
前臂垫球	84
掩护进攻球员	121
打手出界	152
二传快球	155
判读进攻球员	165
使用自由人	180
防守二传手的轻扣或进攻	190

朝向天花板的随球动作

二传手将重心转移到前脚上（沿着球网的方向时为右脚）。注意，二传手总是要面向球场的左前方，以便对传球进行伪装，并让习惯使用右手的进攻球员更容易扣球。对于高至标志杆的高传球，二传手的整个身体要朝向天花板伸展（参见图3.43）。二传手要将球传至球网附近0.6~0.9米处，在球离开后，手指和手要保持随球动作。对于短距离的传球，二传手应用手腕和手指将球弹起，肘部向天花板方向伸展更短的距离，而双腿稍微伸展即可。二传手要暂时保持随球动作，确保传球准确，然后快速移动以为进攻球员提供掩护。如果二传手未能保持随球动作，那么他在一开始传球时可能就未处于正确的平衡姿势。

图3.43　正面传球后二传手朝向天花板的随球动作

常见错误

以下是教练教二传手正面传球时，二传手可能会出现的几个常见错误及相应的纠正方法。

错误	纠正方法
传球不准确	在准备传球前，提醒二传手要以平衡的姿势停住，在球到达前双手举起，拇指和食指形成三角形
传球时未处于正确的位置	让二传手专门训练冲刺以改善冲刺速度，从而能够将球传到球网附近的目标区域
球从双手之间落下	让二传手做双手拇指和食指分别呈三角形，将球举起在额头上方的练习。然后让其站在距离墙壁0.3米远处，将球传到墙上50次。重复训练有助于让二传手的肌肉记住正确的手部姿势
将球传到球网的另一侧	提醒二传手，接触球时右脚（距离球网最近的那只脚）必须向前，而且要让球落在边线内距离球网0.6~0.9米处
传球距离过短，没有到达进攻球员的攻击范围	让二传手做俯卧撑和上半身举重练习来增强手臂力量。或者准备一个加重的球，让二传手通过自我传球或向墙壁传球来增强手臂力量
击球犯规	提醒二传手必须双手均匀地接触球，并在第二次接触时进行合规的传球。提醒二传手确保双手和双臂用力均匀，并让它们在三角形手部姿势（预备传球姿势）下保持水平

（续）

背后传球

关键点

以下是背后传球的关键影响因素。

- 预备姿势。
- 网前姿势。
- 双手位于额头上方的姿势。
- 转移重心。
- 接触球。
- 向后朝向天花板的随球动作。

由于大多数扣球球员都惯用右手，因此二传手传球时通常站在球场的左侧面向扣球球员。对于惯用右手的扣球球员而言，球从其击球侧肩膀前方落下比从其前方横穿而来时，其更容易击中。不过，有时难免发生扣球球员位于二传手后方的情形，在这种情况下二传手必须通过背后传球将球传给扣球球员，并以此分散对方的防守球员。背后传球时，二传手要尽可能进行伪装，以便让对方的中位拦网球员待在原地，而且不要过早地将球传给扣球球员，因为二传手的目标是让扣球球员仅在面对一个拦网球员时发起进攻。背后传球和正面传球相似，明显不同的地方是随球动作。

预备姿势

二传手需要快速移动到球网附近的目标位置，以便为进攻球员传球。二传手的上半身应该向前倾，双脚呈前后站立姿势，通常是右脚稍微在前，并随时做好在合适的时机移动的准备，例如在接发球或救球时。二传手的身体重心位于跖球部位上，而且要均匀分布。二传手必须能够判读球场上的形势和球的动向，以便快速移动到正确的网前位置。此外，二传手还必须知道队友在球场上的位置，避免在接发球时抢球。

网前姿势

二传手必须能够快速高效地从原来的位置移动到球网附近的目标位置，为进攻球员传球。和正面传球一样，二传手必须能够平衡地停下来，身体向前倾斜并呈中等高度的预备姿势，双脚和额头位于球的后下方，便于在球到来时快速接球（参见图3.44）。重

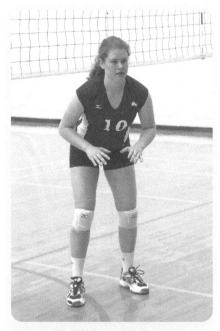

图3.44　背后传球时二传手站在网前

心平均分布于跖球部位，双脚前后站立，大约齐肩宽，最靠近球网的那只脚在前（右脚），膝盖弯曲，这样做有助于避免意外将球传到球网的另一侧。肩膀应面向球场的同一侧而不是面向球网。二传手的肩部和臀部要面向球场的左侧（4号位；参见图3.40，了解球场上的号位划分），二传手要从这里传大部分球。

重要的是，二传手每次都要以自然平衡的身体姿势接触球，这样就能够在传球时不暴露意图，骗过对手。在这个姿势下，二传手能够看到对方拦网球员的动作，在准备将球传向目标区域时也能够看到己方的传球球员及其传球接触部位。在二传手到达该位置准备传球时，他要快速扫一眼（仅移动眼球）左侧的标志杆，了解自己在球场上的确切位置。

双手位于额头上方的姿势

一旦进入恰当的位置且准备接触球，二传手要将双手举起。二传手要将双手张开，手指放松伸张，双手的拇指和食指形成一个三角形，双手在额头前上方形成适合接触球的状态（参见图3.45）。肘部向外，自然舒适地弯曲约90度。二传手要通过拇指和食指形成的三角形观察来球，并从该三角形的下方观察己方进攻球员及其他队友。在球到达前，双手要提前放在额头上方。

转移重心

接触球时，二传手向前移动臀部至球的下方，弓起背部，将身体重心转移至前脚（最接近球网的那只脚）。这个稍微向前的动作有助于其改变球的运动方向。

图3.45　背后传球时二传手的手部姿势

（续）

接触球

所有手指的指腹都应该接触球，其中食指、中指和拇指的接触面积最大，且接触球的下部后方（参见图3.46a）。球不要接触到手掌，也不要停靠在手中。无名指和小指帮助拇指控制传球的方向。球的重量和冲击力将使手腕稍微向头部方向移动，然后二传手对着天花板向后上方伸展手腕和肘部，将肘部收起在耳朵后方，让球转移到身体后方（参见图3.46b）。给球施加的加速度能够控制传球的距离和高度：球距离目标越远，需要施加的加速度就越大，且需要越多地使用双腿的力量。

看一看

以下小节提供了关于背后传球的其他信息。

技能	页码
头上传球	59
正面传球	63
侧面传球	72
跳起传球	76
前排进攻	88
后排进攻	93
快速进攻	97
背飞	102
掩护进攻球员	121
判读进攻球员	165
防守背飞	168
防守后排进攻	174
防守二传手的轻扣或进攻	190

a   b

图3.46 二传手在背后传球时接触球

向后朝向天花板的随球动作

二传手做出随球动作时，双臂和手指应朝向头部后方的天花板移动（参见图3.47）。在整个随球动作中，二传手的臀部和肩部应该和左前方的目标位置保持平行。二传手的头要向后倾斜，以观察球的运动轨迹，并短暂保持随球动作。然后，二传手需要快速转向球网方向，为扣球球员提供掩护。

图3.47　背后传球时，二传手向后朝向天花板的随球动作

常见错误

以下是教练教二传手背后传球时，二传手可能会出现的几个常见错误及相应的纠正方法。

错误	纠正方法
过早地向后倾斜传球	提醒二传手在接触球前，身体必须保持自然姿势。可站在球网的另一侧，并在二传手即将接触球时说"正面传球"或"背后传球"，让二传手朝不同方向倾斜
竖直向上传球	锻炼二传手的灵活性，使其将双手和双臂朝天花板方向向上伸展到头的后方
传球不一致	向二传手反馈球的降落位置或者告诉他球将要降落的位置（如"双脚向边线再移动几下"或"一只脚更靠近球网"）

（续）

如果传球或救球时紧挨着球网，则可以使用侧面传球技术。在进行侧面传球时，二传手既可以面向球网也可以背向球网。和其他传球方法一样，二传手在进行侧面传球时也在额头上方接触球，但是随球动作应偏向侧边。二传手在进行侧面传球时需要注意：必须确保双手同时且用力均匀地接触和释放球，避免因二次触球而犯规。尽管随球动作偏向一侧，但是和正面传球或背后传球一样，二传手的双手要高举并朝向目标。

预备姿势

二传手需要从球场上原来的位置快速移动到球网附近的目标位置，以便将球传给进攻球员。二传手的上半身要向前倾斜，双脚呈前后站立姿势，通常是右脚稍微在前，随时做好在合适的时机移动的准备，例如在接发球或救球时（参见图3.36）。二传手的身体重心位于跖球部位上，而且要均匀分布。二传手必须能够判读球场上的形势和球的动向，以便快速移动到正确的网前位置。此外，二传手还必须知道队友在球场上的位置，避免在接发球时抢球。

网前姿势

二传手一旦冲刺到球网前方，就需要进入最佳的位置将球传给己方的扣球球员。二传手可以转动身体让肩膀和臀部面向球网，或者可以保持让背部朝向球网，即让肩膀和臀部背向球网。二传手必须能够平衡地停住，身体应以中等高度的预备姿势向前倾，双脚和额头位于球的后下方，做好随时接球的准备。重心平均分布于跖球部位，双脚前后站立，大约齐肩宽，最靠近球网的那只脚在前，膝盖弯曲。

重要的是，二传手每次都要以自然平衡的身体姿势接触球，这样就能够在传球时不暴露意图，骗过对手。

双手位于额头上方的姿势

一旦进入恰当的位置而且准备接触球，二传手要将双手举起，手指伸展开并保持结实，双手的拇指和食指形成一个三角形，双手在额头前上方形成适合接触球的状态。肘部向外，自然舒适地弯曲约90度。如果二传手面向球网，肘部不要接触到球网。二传手要通过拇指和食指形成的三角形观察来球。在球到达前，双手要提前放在额头上方。

肩膀下降

在接触球时，二传手降低最靠近目标的那侧肩膀，而且腰部稍微向将要传球的方向倾斜。该动作能够让双手均匀地接触球，避免因二次触球导致犯规。

接触球

所有手指的指腹都应该接触球，其中食指、中指和拇指的接触面积最大，且接触球的底部（参见图3.48a了解该姿势，如果二传手背向球网则参见图3.48b）。球不要接触到手掌，也不要停靠在手中。在双臂向上伸展的过程中，无名指和小指可帮助拇指控制传球的方向。

关键的是双手要均匀地接触球，以避免传球犯规。如果一只手接触球的时间比另一只手接触球的时间长，那么将导致触球犯规。双手和双臂必须同时向天花板方向伸出，最终距离球网0.6~0.9米，而且要朝向目标进攻球员。

图3.48　二传手侧面传球时面向球网接触球和背向球网接触球

（续）

从侧边朝向天花板的随球动作

在二传手的随球动作中，上半身要向侧边弯曲，双手和手指要顺势指向天花板（二传手面向球网时的随球动作参见图3.49a，背向球网时的随球动作参见图3.49b）。二传手要继续观察球的飞行轨迹并短暂保持随球动作，然后再快速移动并为扣球球员提供掩护。

看一看

以下小节提供了关于侧面传球的其他信息。

技能	页码
头上传球	59
正面传球	63
背后传球	68
跳起传球	76
前排进攻	88
后排进攻	93
快速进攻	97
背飞	102
掩护进攻球员	121
进攻性发球	142
防守背飞	168
防守后排进攻	174

a b

图3.49 侧面传球时二传手从侧边朝向天花板的随球动作：（a）面向球网；（b）背向球网

常见错误

以下是教练教二传手侧面传球时，二传手可能会出现的几个常见错误及相应的纠正方法。

错误	纠正方法
触网犯规	提醒二传手需要学会在球网周围小心移动，可让二传手利用一面墙进行练习，以便其判断胳膊和肘部是否伸出得太多
击球犯规（双击）	让双手停留在球上的时间一样长非常重要，为此身体应从腰部向传球的方向弯曲
不能一致地控制传球的位置，影响扣球球员的击球	让二传手反复练习以控制传球的下落位置，让教练或队友对传球位置提供反馈。二传手如果知道球将要落在哪里，应该能够进行自我纠正

（续）

跳起传球

关键点

以下是跳起传球的关键影响因素。

○ 预备姿势。

○ 网前姿势。

○ 跳起姿势和手部姿势。

○ 接触球。

○ 随球和着地动作。

在跳起传球中，二传手先从地面跳起再传球。这是一种高级的技术动作，如果二传手能够准确控制传球位置，将会增加己方的战术优势。使用该技术的原因之一是，若球在空中停留的时间很短，跳起传球能让进攻球员有更好的机会向对方的拦网球员发起进攻。跳起传球可以用来加速防守，因为球能够从二传手的手中更快地传出，而这又是因为二传手还没等球落下就跳起传球。此外，如果二传手站在前排且被对方视为第二次击球时的威胁，那么也可以采用跳起传球。这会给对方的拦网球员施加更大的压力，因为他们需要判断二传手是会将球击过网还是将球传给其他进攻球员。如果二传手惯用左手，这种方法则更加有效，因为二传手能够作为进攻球员扣球或将球轻扣过网，而不是传球给其他进攻球员。对方的拦网球员和防守球员会密切关注进行跳起传球的二传手。另外，当传球或救球时接触球的高度接近球网的顶端或者为了阻止传球越过球网时，二传手也可以采用跳起传球。

在采用跳起传球时，二传手进行精确传球非常重要。尽管跳起传球可能是非常具有观赏性的技术动作，但是只有二传手在跳起时仍然能够出色传球，该技术动作才是有效的。如果二传手经验不足，则可能会出现触球犯规或者传球效果不佳的情况。要想正确地执行该技术动作，二传手必须拥有良好的上半身体能和身体控制能力，因为他在传球时不仅要依靠双腿从地面跳起，而且需要良好的控制能力来准确传球。

预备姿势

二传手需要从球场上原来的位置快速移动到球网附近的目标位置，以便将球传给进攻球员。二传手的上半身应该向前倾斜，双脚呈前后站立姿势，通常是右脚稍微在前，只要时机合适，随时做好移动准备。二传手的身体重心均匀分布在跖球部位上。二传手必须能够判读球场上的形势和球的动向，以便快速移动到正确的网前位置。此外，他还必须知道队友在球场上的位置，避免在接发球时抢球。

网前姿势

二传手必须能够快速高效地从原来的位置移动到球网附近的目标位置为进攻球员传球。和正面传球一样，二传手必须能够平衡地停下来，身体向前倾斜，呈中等高度的预备姿势，双脚和额头位于球的后下方，便于在球到来时能够跳起接触球（参见图3.50）。重心平均分布于跖球部位，双脚前后站立，大约齐肩宽，最靠近球网的那只脚（右脚）在前，膝盖弯曲，这样做有助于避免意外将球传到球网的另一侧。右脚应朝向球场的左前方，这样能够让肩膀与边线保持平行，而且能大大降低球飞过球网落在对方的拦网球员手上的概率。二传手的肩部和臀部要面向球场的左侧（4号位；参见图3.40，了解球场上的号位划分），二传手要从这里传大部分球。

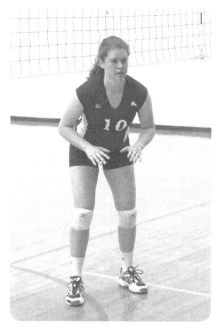

图3.50　跳起传球时二传手在球网前的姿势

重要的是，二传手每次都要以自然平衡的身体姿势接触球，这样就能够在传球时不暴露意图，骗过对手。在这个姿势下，二传手能够看到对方拦网球员的动作，在准备将球传向目标区域时也能够看到己方的传球球员及其传球接触部位。二传手一旦处于恰当的位置，就可以快速将目光从来球上转移开，进而观察自己在球场中的位置以及与所面向那侧的边线之间的距离。二传手只需要扫一眼面前的标志杆就可以获得这些信息。

跳起姿势和手部姿势

二传手的膝盖稍微弯曲，而且要用双臂帮助自己垂直地向来球方向跳起。跳起的时机取决于二传手的跳跃能力，尤其是能够跳起多高以及能够在空中停留多长时间。在跳起并达到最高点时，二传手要张开双手，手指也要张开且保持放松，双手的拇指和食指形成一个三角形，双手在额头前方形成适合接触球的状态。肘部大约弯曲90度，但是靠近球网那侧的肘部要紧贴身体，避免在接近球网时触碰到球网。二传手通过拇指和食指形成的三角形观察来球。重要的是，二传手要垂直跳起，避免干扰到向球网方向移动、准备击球的快攻手。

（续）

看一看

以下小节提供了关于跳起传球的其他信息。

技能	页码
头上传球	59
正面传球	63
背后传球	68
侧面传球	72
单手传球	80
前排进攻	88
后排进攻	93
快速进攻	97
背飞	102
掩护进攻球员	121
二传快球	155
扣二次球	158
判读进攻球员	165
防守背飞	168
防守后排进攻	174
防守快速进攻	183

接触球

所有手指的指腹都应该接触球，其中食指、中指和拇指的接触面积最大，而且要接触球的底部（参见图3.51a）。球不要接触到手掌，也不要停靠在手中。在双臂向上伸展的过程中，无名指和小指要帮助拇指控制传球的方向。二传手跃起在空中时，球的重量和冲击力将会将他的手腕稍微向额头方向推。接触球时且未落地前，二传手要马上向前上方伸展手腕和肘部，同时向前上方伸展和推动双臂（参见图3.51b）。通过伸展肘部和腕部给球施加的加速度控制着传球飞行的距离和高度。

a   b

图3.51　二传手在跳起传球时接触球

随球和着地动作

在接触球后，二传手要双脚平衡着地，然后快速移动并为扣球球员提供掩护。双脚平衡着地表明二传手在空中处于平衡姿势，能够合规准确地将球传给扣球球员。

常见错误

以下是教练教二传手跳起传球时，二传手可能会出现的几个常见错误及相应的纠正方法。

错误	纠正方法
触网犯规	让二传手利用一面墙练习跳起传球，让最靠近球网那侧的肘部与身体侧边保持平行，同时伸展双臂
传球不准确	提醒二传手准确传球是要优先考虑的。跳起传球可能看起来观赏性很强，但是如果步法不准确，还是让二传手在地面上传球
在传球的过程中向前跳跃	让二传手练习跳起背后传球，确保在空中的身体姿势自然，在跳起后身体未发生偏移。此外，在二传手练习跳起传球时，让另一个球员站在他的前面，避免二传手跳起后向前移动
单脚着地	确定二传手的能力范围，告诉他什么时候进行跳起传球。提醒二传手要以正确的姿势直立跳起并双脚平衡着地

（续）

关键点

以下是单手传球的关键影响因素。

○ 预备姿势。
○ 网前姿势。
○ 跳起姿势和手部姿势。
○ 接触球。
○ 随球和着地动作。

仅当传来的球非常接近球网，或者球就要飞过球网且二传手不能用双手传球时才使用单手传球。在这种情况下，二传手只是试图避免球飞过球网，等待扣球球员跳起扣球。二传手和扣球球员将同时跳起在空中，其中二传手使用右手手指的指腹来传球（类似于第151页的轻拨球姿势）。当二传手跳起为扣球球员将球保持在己方一侧时，对方的拦网球员可能也会同时跳起，因此二传手必须为此做好准备。单手传球时，二传手可能存在危险，他必须预防手指被球击中。此时，二传手还必须决定是否将未受保护的手伸起，或者将手握成半拳或拳头再将球顶起在空中。

预备姿势

二传手需要快速移动到球场上的恰当位置，以便从这个靠近球网的目标位置将球传给进攻球员。二传手的上半身应该向前倾斜，双脚呈前后站立的姿势，通常是右脚稍微位于前面，随时做好移动准备。二传手的身体重心要落在双脚的跖球部位上。二传手必须能够判读球场上的形势和球的动向，以便能够快速移动到球网前的正确位置。他还必须知道队友在球场上的分布，避免在接发球时抢球。

网前姿势

二传手必须能够快速高效地从原来的位置移动到球网附近的目标位置，以向进攻球员传球。和正面传球一样，二传手必须能够平稳地停下来，身体向前倾斜，呈中等高度的预备姿势，双脚和额头位于球的后下方，便于在球到来时能够跳起接触球。重心平均分布于跖球部位，双脚前后站立，大约齐肩宽，最靠近球网的那只脚（右脚）在前，膝盖弯曲，这样做有助于避免意外将球传到球网的另一侧。二传手的身体要面向球场的左侧（4号位；参见图3.40，了解球场上的号位划分），二传手要从这里传出大部分的球。

在这个姿势下，二传手能够看到对方拦网球员的动作，在准备将球传向目标区域时也能够看到己方的传球球员及其传球接触部位。让身体处于自然平衡姿势还能够避免对手觉察到二传手要将球传向何方。二传手一旦处于恰当的位置，就可以快速将目光从来球上转移开，进而观察自己在球场中的位置以及与所面向那侧的边线之间的距离。二传手只需要扫一眼面前的标志杆就可以获得这些信息。

跳起姿势和手部姿势

　　二传手一旦进入球下方正确的位置，就可以挥动双臂并利用双腿将身体弹入空中。跳起的时机取决于二传手能够跳起多高以及能够在空中停留多长时间。重要的是，二传手要垂直跳起，避免干扰到向球网方向移动、准备击球的快攻手。由于这是拯救糟糕的传球的一种尝试，所以手部姿势不一定要非常完美。关键的是，二传手跳起在空中时，最接近球网的那只手要张开成球形（类似于在轻拨球或者吊球时手的姿势），并面向朝手的方向飞过来的球（参见图3.52）。

　　有时候将手攥成拳头或半拳更有效。重要的是，二传手的主要目标是确保合规触球，这意味着球不能停留在手上。因此，在某些情形下，利用打开的掌根可以提供一个接触球的平面，将球合规地传给扣球球员。

图3.52　二传手在单手传球时跳起触球

（续）

单手传球（续）

看一看

以下小节提供了关于单手传球的其他信息。

技能	页码
正面传球	63
侧面传球	72
跳起传球	76
前排进攻	88
快速进攻	97
掩护进攻球员	121
进攻性发球	142
团队接发球	146
二传快球	155
扣二次球	158
判读进攻球员	165
防守快速进攻	183
防守二传手的轻扣或进攻	190

接触球

所有手指的指腹都要接触球。对于单手传球，二传手的主要目的是尝试拯救糟糕的传球，所以他可以只将球轻轻托起给扣球球员。球不可以停留在手指的指腹上，因此快速轻托能够让球快速进入空中，为快攻手击球做好准备（参见图3.53）。此外，二传手还可以将球推给外围的扣球球员，使球远离球网，但是将球传到外围需要非常强的手部力量。

随球和着地动作

在接触球后，二传手的手臂和手应朝向天花板完成短暂的随球动作。二传手要尝试双脚平衡着地，然后快速移动为扣球球员提供掩护。

图3.53 二传手在单手传球时接触球

常见错误

以下是教练教二传手单手传球时，二传手可能会出现的几个常见错误及相应的纠正方法。

错误	纠正方法
触球犯规	让二传手训练手部力量，确保在传球时手和腕部能够保持结实
触网犯规	让二传手一只手靠近墙练习传球，确保其学会控制肘部，能使肘部与球网保持平行
被判后排进攻	如果二传手在球位于球网的上方时接触球，则可能被判为后排进攻，因此，应让二传手在球到达该位置前干预球

（续）

如果传向球网的球过低或过快，二传手可能需要使用前臂而不是双手来将球垫给扣球球员。这是一种应急技术，仅当二传手无法在额头上方接球时才使用。关键的是，二传手只需要将球用前臂垫起，让球落在距离球网大约1.5米处而且位于边线之内，让进攻球员扣球。

预备姿势

二传手需要快速移动到球场上的恰当位置，以便从这个靠近球网的目标位置将球传给进攻球员。二传手的上半身应该向前倾斜，双脚呈前后站立姿势，通常是右脚稍微位于前面，随时做好移动准备。二传手的身体重心要落在双脚的距球部位上。二传手必须能够判读球场上的形势和球的动向，以便快速移动到球网前的正确位置。他还必须知道其他队员在球场上的分布，避免在接发球时抢球。

网前姿势

二传手必须能够快速高效地移动到传球或救球的位置，到达后以平衡的姿势停下，身体呈中等高度的预备姿势，准备好在球到达时接球。二传手应让最靠近球网的那一只脚（右脚）在前，这样做有助于避免意外将球传到球网的另一侧，而且重心要平均分布于距球部位上。二传手的身体要面向球场的左侧（4号位；参见图3.40，了解球场上的号位划分），二传手要从这里传大部分的球。

在这个姿势下，二传手要能够看到对方拦网球员的动作，以及在准备将球传向目标区域时能够看到己方的传球球员及其传球接触部位。二传手到达该位置准备传球时，要快速扫一眼（仅移动眼球）左侧的标志杆，了解自己在球场上的确切位置。二传手在进行前臂垫球时不需要伪装，因为它是应急性传球；对方一般知道球很可能被传给外侧的扣球球员或后排的进攻球员。

手臂姿势

在球快要接近时，二传手应该将双前臂并拢在一起，在球的下方形成一个平坦部位（参见图3.54）。二传手需要处于足够低的姿势，以便能够很好地将球传起，让进攻球员扣球。

图3.54　前臂垫球时二传手的手臂姿势

接触球

二传手在球的下面向预定目标抬高平坦部位（距离球网1.5米，距离边线1.5米，参见图3.55）。以这种方法传球不如用手传球准确，因此传球的目标区域要与球网保持一定的距离，确保球不过于接近球网，避免进攻球员触网犯规或者球意外飞过球网。

二传手要使用前臂内侧多肉的部位接触球，即介于手腕和肘部之间的部位，让球回弹得更高。双手大拇指根应该并拢，手腕向下伸展。双肘应该伸直，手臂放平并从身体向外伸出在球的下方，肩膀耸起。降低内侧（距离目标区域最近的那侧）肩膀能够调整双臂和肩膀的角度，使其朝向目标区域。理想情况下，二传手应在球介于腰部和膝盖之间时接触球。

图3.55　二传手在前臂垫球时接触球

（续）

双臂的随球动作

二传手应让双臂的随球动作上升至肩膀附近，保持双手并拢，同时伸直双腿将球挡起在空中，为进攻球员提供良好的扣球机会（参见图3.56）。二传手随后向进攻球员处移动，在其被拦网时提供保护。

图3.56　前臂垫球时二传手的随球动作

看一看

以下小节提供了关于前臂垫球的其他信息。

技能	页码
前臂传球	55
正面传球	63
前排进攻	88
后排进攻	93
掩护进攻球员	121
进攻性发球	142
判读进攻球员	165
防守后排进攻	174
使用自由人	180

常见错误

以下是教练教二传手前臂垫球时，二传手可能会出现的几个常见错误及相应的纠正方法。

错误	纠正方法
将球传过球网	确保二传手保持最接近球网的那只脚在前面，让肩膀与外侧的扣球球员保持平行
传球出界	提醒二传手的双前臂并拢形成的平坦部位在接触球时要朝向目标。此外，平坦部位的倾斜角度应较大
球垫得不够高	让二传手延长随球动作，给球施加更多的力量并将球托起至更高的位置

进攻

　　进攻也称为扣球，是排球运动中最流行和最激动人心的技术之一。绝大多数球员都想尽可能地提升自己的进攻技术。在进攻时，球员需要跳起在空中击球，不仅要关注移动的球，还要注意避开对方的拦网球员。进攻球员的目标是调节球的方向，使其从对方的拦网球员的上方、侧边或周围穿过，或者将球击入对方球场上无人防守的空当处。

　　进攻球员可以从正手侧或反手侧扣队友传起的球。正手侧是指从球场右侧飞向惯用右手的进攻球员的球。这是最容易扣的球，因为进攻球员能够在球横向穿过身体前接触球。反手侧是从球场左侧飞向惯用右手的进攻球员的球。这种球很难扣，因为球必须从进攻球员的身体前横向穿过，在进攻球员击球前落在其右肩前面。进攻球员想要扣下任何传过来的球，则每次都要将身体姿势摆放正确。为此，进攻球员可以运用高效的步法和完全伸展击球那侧的手臂，让球稍微位于击球侧肩膀的前方。在进攻时，教练和进攻球员必须了解以下指导原则。

○ 进攻球员必须能够将球挡开。
○ 进攻球员必须能够让球处于比赛中。
○ 进攻球员要尽量少犯非受迫性失误。

关键点

以下是前排进攻的关键影响因素。

○ 预备姿势。
○ 接近球。
○ 接触球。
○ 随球和着地动作。

图 3.57　前排进攻时进攻球员的预备姿势

从前排发起的进攻涉及球员跳起将球击过网。进攻球员移动到传给他的球的位置，然后跳起在球网的上方接触球，并将球扣到对方的球场中。使用该技术需要进攻球员拥有良好的时机把握能力和跳跃协调能力，然后用张开的手击球，使其避开对方的拦网球员并越过球网，落入对方的球场中。

预备姿势

进攻球员应从球场的一个位置移动到另一个位置，做好接近球的姿势（下文将详细讨论"接近球"）。进攻球员可能从拦网姿势、接发球传球、阵式或者防守姿势转换为前排进攻时的预备姿势。进攻球员观察到球被传向二传手手中的同时，要让身体进入中等高度的姿势，然后移动到球场上的某个位置开始接近。两侧肩膀应该在双脚的前方，双臂轻松垂于身体两侧。进攻球员要做好快速移动的准备，双脚呈前后站立姿势，在运用四步接近法的过程中，身体重心位于非击球侧的那只脚上（参见图3.57）。或者在运用三步接近法的过程中，身体重心位于击球侧那只脚上。呈预备姿势时是进攻球员快速将球网横向看一遍的好时机，以便观察对方防守球员在球场上的位置，从而掌握更多信息，将球成功地击落在对方球场的空当处赢得比分。

接近球

进攻球员要判读来自二传手或其他队友的球，判断球的去向，再决定何时开始接近球。进攻球员的目标是每次都在相对于身体的相同位置接近和接触球。理想情况下，该位置就是击球侧肩膀稍微靠前处。总而言之，绝大多数进攻球员大致在传球到达最高点时开始接近。教练可以根据进攻球员的速度和传球的类型在此基础上对接近球的时机进行提前或推后调整。

　　绝大部分进攻球员发现采用四步接近法扣球不仅可以根据球进行调节，而且即使传球未准确到达预定位置，进攻球员也可以从球场上的任意位置进行扣球。四步接近法还加快了接近球的速度，让进攻球员可以跳得更高。不过，一些球员喜欢采用更快的三步接近法，而且在某些场合下还会用到更快的二步接近法，例如中位拦网球员快速回到网前接快传球时多用二步接近法。

前两步

　　对于四步接近法，第一步的速度要慢而且要朝着球落下的方向；第二步速度较快，进攻球员要开始踏地（将在下一小节讲解），使球向下落在击球侧肩膀的前上方。双臂放松，在第一步和第二步向后挥动期间双臂要下垂。

踏地

　　在图3.58中，进攻球员向前移动并开始踏地；在踏地姿势中，双脚和臀部应该与球网呈45度，其中非击球侧的那只脚稍微位于击球侧的那只脚的前方。膝盖弯曲，身体从腰部开始稍微向前弯。进攻球员的目光仍然要集中在球上。双臂伸直，向后抬高。

图3.58　进攻球员在运用四步接近法时的踏地姿势

（续）

起跳

　　起跳前双脚与球网呈45度，起跳时双脚要平衡离地，双臂从身体后方向上挥动至前方，帮助身体跳得尽可能高（参见图3.59）。在起跳过程中，双臂猛地向前上方挥动；跳起在空中时，进攻球员要将击球侧肩膀和手臂向后收，让肘部和手处于高位。当击球手（尽量张开）向前挥动接触球时，非击球侧手臂向下收至胸膛附近。击球手的手腕应该放松，做好向球的上部扣击的准备，形成上旋球并加快球的速度。速度和力量是通过让肩膀和臀部绕着垂直轴心转动而产生的，在接触球时为手臂提供加速度。

图3.59　进攻球员采用四步接近法时起跳

接触球

　　进攻球员应该在跳起的最高处用完全伸直的手接触球（参见图3.60）。接触球时手要完全张开。接触球的速度要快，让手掌和手指快速拍在球上。这个像抽鞭一样的动作会发出上旋球，从而加快球的速度并使球更快向地面下降。由于球是圆形的，接触部位根据进攻球员想要的击球方向而不同。如果进攻球员想要球缓慢下降，就击球的后部；如果想要以更小的角度击球，可以更多地接触侧面，将球引导至不同的方向。进攻球员要确保看准球，做到触球有力。

图3.60　进攻球员在前排进攻时接触球

随球和着地动作

图3.61　前排进攻后进攻球员的随球和着地动作

击球侧的手臂和手的随球动作要朝向预定的进攻目标。如果球传到距离球网合适的位置（0.6~0.9米），进攻球员就没有必要担心执行随球动作时手会触网。如果传球距离球网过近，那么进攻球员就不可以完全挥手击球，因为那样会导致击球侧的手臂和手接触到球网。

在击球后，进攻球员要双脚平衡着地（参见图3.61）。这表明进攻球员以正确的方式接近球，而且在击球时能够用尽全力。此

外，这对保护球员的膝盖也非常重要。安全着地后，进攻球员需要根据扣球的结果做好拦网、再次进攻或防守的准备。

看一看

以下小节提供了关于前排进攻的其他信息。

技能	页码
正面传球	63
背后传球	68
侧面传球	72
跳起传球	76
单手传球	80
前臂垫球	84
快速进攻	97
救球	114
掩护进攻球员	121
头顶救球	126
团队接发球	146
多样化进攻	149
打手出界	152
扣二次球	158
团队布局防守	162
判读进攻球员	165

（续）

常见错误

　　以下是教练教球员前排进攻时，球员可能会出现的几个常见错误及相应的纠正方法。

错误	纠正方法
触网犯规	在练习期间在地板上粘一道胶带，让二传手知道球应该传到什么位置，确保所传的球距离网有一定的距离
被判中线犯规	提醒二传手传球时让球与球网保持足够的距离，这样进攻球员就可以在扣球后安全着地，不会越过中线
扣球后球在对方球场出界	让进攻球员练习在跳起的最高点接触球的上部，以增强腕部的力量，让球旋转得更快并形成向下的飞行轨迹，使球落在对方的场地中
扣球后球撞在网上	提醒进攻球员需要提前（或者更快地）挥动手臂，并调整击球点，使球能够越过球网。让进攻球员加快速度接近球，在球降落至球网下方前击球
单脚着地	提醒进攻球员在接近球的过程中必须让球落在击球侧肩膀的前方（单脚着地意味着接近过程不准确，从而限制了进攻球员将球击落在对方球场不同区域的机会）
接近球时在球下方跑过头了	提醒进攻球员传过来的球距离球网过远，或者如果其判断出球的降落点时，则起步应该稍微晚一些
击球缺乏力量	让进攻球员加快挥动手臂的速度，或者在起跳前确保双脚呈45度，为身体提供更大的力矩和力量。另外，在起跳的过程中还要提醒进攻球员确保与击球侧手臂相反的那只脚位于前面，以让身体能够顺利旋转，为击球提供更大的力量

后排进攻是指由位于后排的球员发起进攻的技术，球员必须从进攻线（也称"三米线"，距离中线3米远）后方起跳。如果对方的拦网球员非常强悍或者能够拦住前排的进攻球员，那么这种进攻技术可能会非常有效。这种进攻技术还加入了第四名或第五名进攻球员，以协助进攻。后排进攻本质上和前排进攻是相同的，不同之处是进攻球员的起步更低而且稍微早些。另外，

关键点

以下是后排进攻的关键影响因素。
○ 预备姿势。
○ 接近球。
○ 接触球。
○ 随球和着地动作。

传球的高度要和标志杆一样高，或者高于球网上沿0.9~1.2米，以确保进攻球员击球时面对更少的拦网球员。如果将球传得过高，对方将有足够的时间在进攻球员面前形成拦网阵式，使得后排进攻失去优势。

预备姿势

进攻球员要从球场的一个位置移动到另一个位置，做好接近球的准备（下文将详细讨论"接近球"）。后排进攻球员需要从接发球或防守姿势转变成进攻姿势。进攻球员要观察飞往二传手的球，同时要呈中等高度的身体姿势。肩膀要位于脚的前方，手臂放松，垂于身体两侧。进攻球员要做好快速移动的准备，双脚呈前后站立姿势。如果是采用四步接近法，身体重心要落在非击球侧的那只脚上；如果是采用三步接近法，身体重心要落在击球侧的那只脚上。

接近球

进攻球员要判读来自二传手或其他球员的球，确定球的动向，从而决定开始接近球的时间。传给后排进攻球员的球应该落在进攻线上或进攻线的稍前方。后排进攻球员的目标是每次都能够在相对于身体的同一位置接触球，理想的情况是球在击球侧手臂和肩膀前方稍微往外处。总体而言，绝大部分后排进攻球员在传球前开始接近球。后排进攻球员可以根据传球的速度和类型，调快或调慢开始接近球的时间。

前两步

后排进攻球员比前排进攻球员要早些开始接近球。前两步在二传手释放球之前就已开始，因为传球高度更低，所以进攻球员接近球的时间更少。对于传球高度更高的后排进攻，进攻球员大概在球传出后到达最高点时开始接近球。

踏地

在图3.62中，进攻球员向前移动并开始踏地；在踏地姿势中，双脚应该位于进攻线后方且与球网呈45度，其中非击球侧的那只脚稍微位于击球侧的那只脚前方。转动臀部和击球侧的肩膀，使其远离球网方向。双臂伸直，向后抬高。

图3.62　采用四步接近法接近球时，后排进攻球员进入踏地姿势

起跳

起跳时双脚要平衡离地，双臂从身体后方向上挥动至前方，帮助身体跳得尽可能高（参见图3.63）。在起跳过程中，双臂猛地向前上方挥动；跳起在空中时，进攻球员要将击球侧的肩膀和手臂向后收，让肘部和手处于高位。转动应该围绕中心轴进行。当击球手（尽量张开）向前挥动接触球时，非击球侧的手臂向下收至胸膛附近。击球手的手腕应该放松，做好准备后向球的上部扣击，形成上旋球并加快球的飞行速度。扣球速度和力量是在接触球时转动肩膀、手臂和臀部产生的。此外还要注意，后排进攻的起跳涉及一些跳远动作，进攻球员应能够向前移动，并很好地落在进攻线的前方。

图3.63　采用四步接近法接近球时，后排进攻球员起跳

接触球

图3.64 后排进攻球员接触球

进攻球员应该在跳起的最高处用完全伸直的手臂接触球（参见图3.64）。接触球时手要完全张开。接触球的过程要快，让手掌和手指快速拍在球上。这个像抽鞭一样的动作会发出上旋球，从而加快球的飞行速度并使球更快地向地面下降。由于球是圆形的，接触部位应根据进攻球员想要的击球方向的不同而不同。如果进攻球员想要球下降，就击球的后部；如果想要球斜着飞过球网，就更多地接触侧面。进攻球员在接触球时要确保看准球。

随球和着地动作

击球侧的手臂和手的随球动作要朝向预定的进攻目标。传球球员应确保将球传到恰当的高度和位置，如刚好位于进攻线内侧，这样进攻球员就不必担心踩线犯规。如果传球高度过高，进攻球员就不能快速将球扣在对方拦网球员周围的空当处。

在击球后，进攻球员要双脚平衡着地。这表明进攻球员以正确的方式靠近球，而且在击球时能够用尽全力。此外，这对保护球员的膝盖也非常重要。安全着地后，进攻球员需要根据扣球的结果做好进攻或防守的准备。

看一看

以下小节提供了关于后排进攻的其他信息。

技能	页码
正面传球	63
背后传球	68
跳起传球	76
前臂垫球	84
前排进攻	88
救球	114
掩护进攻球员	121
进攻性发球	142
二传快球	155
判读进攻球员	165
防守后排进攻	174

（续）

常见错误

以下是教练教球员后排进攻时，球员可能会出现的几个常见错误及相应的纠正方法。

错误	纠正方法
球撞在网上	这表明进攻球员还没有做好击球准备、球下降得太低或者进攻球员开始接近球的时间过晚或过早。提醒进攻球员要在跳起的最高点用腕部用力将手扣在球上，接触点应该在球的中心下方。球没过网还可能意味着进攻球员从球场上过远的位置开始接近球。此时应提醒进攻球员从进攻线后方远处开始起步，在击球后降落在进攻线的内侧
击球出界	让进攻球员在跳起的最高点运用腕部的力量将手扣在球的中心下方
和前排进攻球员发生碰撞	重要的是，仅在沿着球网方向的同一区域中没有其他进攻球员在等待扣高球的情况下，二传手才能将球传给后排进攻球员。进攻球员需要将球传到相同的区域中（中后方或右后方），让前排的快攻手发起进攻，因此快攻手跳起击球是最佳选择，而后排进攻球员在其后方跳起作为备选
被判踩线犯规	让二传手确保传过来的球距离球网足够远，以让进攻球员能够在进攻线后方跳起击球而不会导致犯规。在击球后，提醒进攻球员踩线落地或者落在进攻线前方
击球缺乏力量	提醒进攻球员要让球保持在身体前方，而且不要跑到球的下方（该错误还可能是肩膀没有转动引起的，需要转动肩膀）
没有做好扣传过来的球的准备	提醒后排进攻球员发起进攻并与二传手进行交流，让其通过呼叫二传手的名字做好击球准备

快速进攻

快速进攻一般用于对方的拦网球员很强大，但在球到来之前对方还没有形成牢固的拦网阵式时。快速进攻时通常由中位进攻球员扣球。快速进攻需要准确的传球和优秀的二传手，对传球时机的要求非常苛刻。在真正的快速进攻中，进攻球员在球实际释放前就应跳起在空中，而二传手必须将球快速准确地传到进攻球员的手中。采用这种进攻方法时，己方的中位进攻球员还能够威胁、拖住对方的中位拦网球员，从而让外侧的进攻球员发挥作用。不过，球队应该仅尝试技术上可行的战术，这是一个完美的例子。

关键点

以下是快速进攻的关键影响因素。
○ 预备姿势。
○ 接近球。
○ 接触球。
○ 平衡着地。

预备姿势

进攻球员要从球场上的一个位置移动到另一个位置，从最佳的位置开始接近球（下文将详细讨论"接近球"）。发起快速进攻的进攻球员通常从拦网或接发球角色转变而来。进攻球员要快速以中等高度的身体姿势进入球场中心三米线附近的位置。肩膀要位于脚的前面，双臂放松，垂于身体两侧。双脚呈平衡的前后站立姿势，做好快速向前移动的准备。如果采用完整的三步接近法，身体重心会落在击球侧的那只脚上；如果采用两步接近法，身体重心会落在非击球侧的那只脚上。

接近球

进攻球员一定要将头转过去，观察球如何从传球球员或救球球员的手中到达二传手手中。当球飞向球网并越过进攻球员时，他应该跟随或追逐飞向二传手的球。尽管此时进攻球员的主要任务是盯住球，但也应该开始接近球，让二传手的动向完全处于自己的视野范围内，并了解对方拦网球员的动向。进攻球员要直接从二传手前面接近球，但是不要越过球。例如，如果传球距离球网0.9米远，那么进攻球员应该从二传手的位置向前移动0.9米，以便让击球侧肩膀保持敞开，这样二传手就可以将球传到进攻球员击球侧肩膀的前面。进攻球员应该向二传手传递语言信号，通过边前进边大喊"快"或"一"来确保二传手知道进攻球员有空，而且发起快速进攻是选择之一。

在大部分情况下，在快速进攻时，进攻球员将采用三步接近法来扣球，这样他们就能快速离开和返回球网，然后跳起在空中准备击球。不过，在一些情况下进攻球员需要采用两步接近法，例如在试图拦网后且距离球网很近时。

第一步

在三步接近法的第一步中，进攻球员的双臂在接近的过程中要短距离先后挥动，然后脚踏地。第一步要朝向将要跳起击球的方向。

踏地

当进攻球员到达将要跳起击球的位置时，他的身体要稍微向后倾斜，将向前的动能转换成垂直向上跳起的势能。双脚要同时触地，称为踏地，而且要与球网大约呈45度（参见图3.65）。踏地非常重要，它能够防止身体继续向前移动而碰到球网。进攻球员双臂先向后收，当踏地开始跳起击球时再向上举。

图3.65　在快速进攻中采用三步接近法时进攻球员踏地

起跳

进攻球员起跳时应该位于球的后方，而且要距离球网足够远，让自己能够将球击落在对方拦网球员周围的空当处。进攻球员应快速向前上方挥动双臂，左脚稍微在前，双脚与二传手大约呈45度，这会使进攻球员的肩部对准二传手（参见图3.66）。进攻球员要快速跳起，当球到达二传手的手中时将手高高举起并张开，让二传手知道传球目标。

图 3.66　在快速进攻中采用三步接近法时进攻球员起跳

（续）

接触球

用手接触球，而且仅快速转动前臂，保持肘部处于高位（参见图3.67）。进攻球员扣球后不需要执行完整的随球动作，以防止手触网。二传手应该将球传到进攻球员击球侧肩膀的前方（让进攻球员能够将球扣在对方球场的左后方），或者传到其左侧肩膀的前方（让进攻球员能将球扣在对方球场的右后方），这样进攻球员能够将球扣在对方拦网球员周围的空当处。如果将球传到进攻球员的中间，进攻球员就不能很好地将球扣向任何一侧，而且球很可能被对方拦住。

图3.67　快速进攻时进攻球员接触球

看一看

以下小节提供了关于快速进攻的其他信息。

技能	页码
正面传球	63
背后传球	68
侧面传球	72
跳起传球	76
单手传球	80
前排进攻	88
团队接发球	146
二传快球	155
扣二次球	158
判读进攻球员	165
防守快速进攻	183
防守二传手的轻扣或进攻	190

平衡着地

进攻球员要双脚平衡着地（参见图3.68）。这表明进攻球员以正确的方式接近球，而且能够用全力击球。这对保护球员的膝盖也非常重要。在安全着地后，进攻球员需要做好快速移动的准备，根据扣球的结果再次进攻或防守。

图3.68　快速进攻时进攻球员在击球后着地

常见错误

以下是教练教球员快速进攻时，球员可能会出现的几个常见错误及相应的纠正方法。

错误	纠正方法
错过与二传手默契配合的时机	提醒二传手要确保传球足够准确，在练习传球时，注意加强二传手和中位进攻球员的配合
触网犯规	提醒进攻球员在接近球和起跳时要与球网保持足够的距离，避免挥手击球时碰到球网。此外，提醒二传手要确保传球距离球网0.3米以上
被判中线犯规	提醒进攻球员远离中线，在接近球和起跳时要与球网保持足够的距离，避免着地时越过中线。另外，还要提醒二传手确保所传的球与球网保持至少0.3米远
扣球撞在网上	让二传手注意观察进攻球员的靠近和手臂伸展状态，确保所传的球足够高。提醒二传手传球的目标是进攻球员伸直的手，快速传球的高度应根据不同的进攻球员而不同
扣球出界	提醒进攻球员起跳时不要过早或过晚，要在球进入二传手手中那一刻开始起跳
动作晚于传球球员	提醒进攻球员不要从远于进攻线的任何地方开始接近球。训练时让进攻球员从球网位置开始起跳，然后慢慢退至进攻线，然后跟随队友的传球或救球并起跳击球
扣球被拦住	提醒二传手将球传至进攻球员的肩膀前方，并确保传球距离球网足够远，以让进攻球员能够将球扣在对方拦网球员周围的空当处

（续）

关键点

以下是背飞的关键影响因素。

○ 预备姿势。
○ 接近球。
○ 接触球。
○ 平衡着地。

背飞是在二传手的背后发起进攻的技术，只要进攻球员能够在二传手前面扣下快传球，一般就能够取得成功。在传这种球时，球的飞行轨迹要更低，而且进攻球员接近球的方向和传球的方向要一致，这样进攻球员就有更长的击球时间。这种进攻技术的优势是进攻球员能够在不同的高度、以不同的速度击球，而且在球网方向上可以与二传手保持不同的距离。采用这种进攻技术时，对方的拦网球员很难准确判断进攻球员从何处拦网，因为球是沿着球网的方向飞行的，而不是垂直下降至可预测的位置让进攻球员击球的。

预备姿势

进攻球员要从球场上的一个位置移动到另一个位置，做好接近球的准备（下文将详细讨论"接近球"）。背飞时进攻球员需要在接发球或拦球位置呈进攻姿势，并快速以中等高度的身体姿势移动至球场中心进攻线附近。肩膀要位于脚的前方，手臂放松，垂于身体两侧。进攻球员要做好快速向前移动的准备，双脚呈前后平衡站立姿势。在接近球进行背飞击球时，身体重心落在击球侧的那只脚上。前进的步数根据传球的位置和进攻球员要沿着球网方向移动多远才能接触到球而有所不同。

接近球

进攻球员一定要将头转过去，观察球如何从传球球员或救球球员的手中到达二传手手中。当球飞向球网并越过进攻球员时，进攻球员应该跟随或追逐飞向二传手的球。尽管此时进攻球员的主要任务是盯住球，但也应该开始接近，让二传手的动向完全处于自己的视野范围内，并要了解对方拦网球员的动向。

在大部分情况下，进攻球员会沿着球网的方向采用不同的步数来接近球，步数取决于传球所到达的位置。在接近球的过程中，不同的步数让进攻球员能够从球网前转移，快速接近、跟随球并跳起击球。

前三步

进攻球员应该看起来像是直接从二传手的前面接近他一样，以吸引对方中位拦网球员的注意，但是在最后一刻，进攻球员将左脚踏在地上（对于惯用右手的进攻球员而言），然后转向右边完成最后的两步或多步接近动作，当二传手沿着球网将球传到背后时，进攻球员应跑步越过二传手并追逐球。在接近球的过程中，进攻球员要与球网大致保持平行，让球位于身体前方，即在球网和进攻球员之间。如果采用四步接近法，第一步要由非击球侧的那只脚来完成，而且要在二传手的前方并朝向二传手。然后，进攻球员快速改变方向，通过第二和第三步平行于球网并越过二传手。进攻球员的双臂就像跑步时一样摆动，而且在最后一步踏出，从地面起跳时，击球侧的手臂应向上挥动并向后收。

起跳

进攻球员在通过两步越过二传手后，应以非击球侧的那只脚（距离球网最近的那只脚）在球的后面起跳，以保持球位于击球侧肩膀的前方，介于进攻球员和球网之间。脚踏地时要面向球网，而且与球场呈45度。击球侧手臂的肘部要向后收回至高位，并做好伸至尽可能高的位置的准备，且手要张开，跳起时准备击球。

进攻球员起跳时要距离球网足够远，这样将球朝外侧拦网球员扣过去或向下扣球时手就不会碰到球网，或者转动身体将球横扣在对方的场地上，使球从内侧拦网球员的手间穿过。不管什么时候，只要进攻球员觉得能够跳起并将球从空中击过去，就可以起跳。进攻球员的动能可能会导致其着地在边线之外。这种步法类似于篮球运动中的单手上篮，对许多球员而言都非常常用。

接触球

在起跳的过程中，在抬高击球侧膝盖和腿（远离球网的那条腿）的同时，进攻球员应将击球侧的手臂和手向后上方收，其中肘部高于手，并在跳起的最高点接触。接触球时手掌要完全

图 3.69　进攻球员在背飞中接触球

展开，前臂快速转动，而且要让肘部保持在高位（参见图3.69a）。手腕要从球上方拍过去，击出上旋球。快速的扣击动作后不需要过多的随球动作，这样能够避免手触网。

二传手应该沿着球网的方向传球，然后由进攻球员自己进入恰当的位置并有效地击球。这样进攻球员能够将球扣在对方拦网球员周围的空当处。新手要学会稍微转动肩膀面向球并向下击球，确保球位于击球侧肩膀的前方（参见图3.69b）。背飞时，进

（续）

看一看

以下小节提供了关于背飞的其他信息。

技能	页码
正面传球	63
背后传球	68
跳起传球	76
前排进攻	88
快速进攻	97
救球	114
掩护进攻球员	121
打手出界	152
二传快球	155
扣二次球	158
判读进攻球员	165
防守背飞	168
防守二传手的轻扣或进攻	190

攻球员还可以在跳起后更大幅度地转动臀部和肩膀，使球从对方内侧拦网球员的手中穿过，将球斜扣在对方的场地后方。

平衡着地

进攻球员虽然单脚起跳，但是双脚要尽量以平衡的姿势着地（参见图3.70）。这表明进攻球员以正确的方式接近球，而且能够在击球时用尽全力。这样做对保护球员的膝盖也非常重要。安全着地后，进攻球员需要根据扣球的结果做好拦网或再次进攻的准备。

图3.70 背飞时进攻球员击球后着地

常见错误

以下是教练教球员背飞时，球员可能会出现的几个常见错误及相应的纠正方法。

错误	纠正方法
扣球被拦住	进攻球员可能跑到球的前面去了，导致球位于非击球侧肩膀的前方，而不是击球侧肩膀的前方。聪明的拦网球员知道此时进攻球员的唯一机会是将球斜扣在球场上
接近球时越过了球	提醒进攻球员在追逐球时要计算好恰当的接近时机，让球位于身体和球网之间，并处于自身右侧肩膀的前方
把握不好接近球的时机	提醒二传手应该以标志杆的高度将球传出，以让进攻球员估算好接近球时机
没有垂直起跳	提醒进攻球员单脚起跳时要感觉到舒服

（续）

第**4**章

防守技术技能

本章将讨论球员要想获得成功就必须掌握的防守技术技能，具体如下所示。

防守技术技能	页码
拦网	108
救球	114
疾跑救球	118
掩护进攻球员	121
救撞网球	123
头顶救球	126
翻滚救球	129
趴地救球	133
单手前扑救球	136

拦网

关键点

以下是拦网的关键影响因素。

○ 预备姿势。

○ 判读形势。

○ 平行于球网移动。

○ 垂直跳起。

○ 伸手过网。

○ 平衡着地姿势。

拦网是排球防守的第一道防线，涉及跳起并将双手举在球网上方，将球挡回到对方球场。拦网可以通过部署拦网球员来实现，让拦网球员将球场的一部分封锁住，迫使对方的进攻球员将球扣入拦网区域，或者从不同的方向将球扣到后排防守球员所在区域，或者减慢对方原本想要达到的击球速度。拦网球员可以将扣球挡回到对方球场，或者挡在己方球场上空，让队友接球，或者迫使对方进攻球员轻拨球或失速击球。部署良好的拦网球员可能不会接触球，但是会将扣球引导至拦网球员周围的防守球员。最佳的拦网球员能够洞察比赛形势并拥有良好的时机把握能力，能够在正确的时间点起跳并将双手拦在球网上。良好的核心力量能够帮助拦网球员在空中稳定身体姿势，而且在对方的进攻球员扣球时能够保持肩膀、手臂和手处于恰当位置。

预备姿势

拦网球员以自然平衡的运动姿势站立，距离球网大约一臂远，双脚齐肩宽，膝盖稍微弯曲，随时准备移动或起跳。肘部要齐肩高，前臂抬起与球网约呈45度（参见图4.1）。双手向上，刚好位于双肩外侧，手指张开手掌向前。手的位置要足够高，拦网球员应能够看到手背且双手未挡住其视线。身体重心稍微向前，脚跟稍微离地。对于预计拦截快速进攻的中位拦网球员，要使所拦的球距离球网越近，手举起的位置就要越高，以便能够更快地将球拦在球网上。

图4.1　拦网球员的预备姿势

判读形势

　　拦网球员需要观察比赛形势的发展，判读和预计进攻的可能性，而且要通过良好的时机把握能力和判断力准确进入就绪位置。拦网球员的眼睛要睁大，而且首先要观察对方球场上的总体形势。拦网球员要观察对方的所有球员以及球的动向。拦网球员要盯紧对方传球球员或救球球员对球的移动，然后观察对方的挡球部位，从而判断球的回弹角度。这一点非常重要，因为对手可能传球不佳，直接将球传过了网，在这种情况下拦网球员必须做好击球准备。

　　判断出传球的质量后，拦网球员接着要观察对方的二传手，看看传球的方向能否确定（要想获得相关线索，拦网球员就要在热身运动期间仔细观察对方的二传手，找出其是否在传球上存在任何偏好，并将该信息告诉队友）。球传起后，拦网球员要快速观察球的飞行轨迹，确定球将要落下的位置以及将要传给哪位进攻球员，这样拦网球员就能在恰当的时机出现在恰当的位置。

平行于球网移动

　　拦网球员一旦判定将要扣球的进攻球员以及球的动向和飞行轨迹，就要让最接近传球位置的那只脚平行于球网移动，躯干和双手的位置保持不变，让双手完全处于视线中且位于网底上方。拦网球员可以采用两步、三步和五步接近法，具体取决于需要沿着球网的方向移动多少距离才能在球将过网那一刻到达对方进攻球员的肩部前方。例如，如果拦网球员需要移动到球场的右侧，而且仅需3步就可以到达对方进攻球员的前方，那么第一步要先移动右脚，然后移动左脚（参见图4.2），最后双脚着地，膝盖仍然保持弯曲，做好垂直起跳的准备。在此刻，拦网球员还需要注视对方的进攻球员是如何接近球的，以便能够进入进攻球员击球侧肩膀前方的最佳位置，出色地完成拦网任务。如果球被扣向己方球场的外侧，那么外侧拦网

图4.2　拦网球员平行于球网移动到对方进攻球员的击球侧肩膀的前方

球员将进行"传球式拦网"，或者确定拦网球员相对于进攻球员的起跳位置后，让中位拦网球员也加入进来，形成双重拦网阵式。

（续）　**109**

垂直跳起

拦网球员要在对方的进攻球员挥臂前起跳，确保在对方的进攻球员接触球时自己的双手已经拦在球网上方。拦网时距离球网越远，那么拦网球员起跳的时间就越晚。通过伸展脚踝和膝盖垂直起跳非常重要，这样，位于拦网球员后方的防守球员就可以在周围部署拦网阵式。此外，多名拦网球员在空中保持足够近的距离也很重要，这样拦网球员的手臂和手之间就几乎没有空隙，而对方的进攻球员的扣球就无法穿过。

在起跳且对方的进攻球员刚要接触球前，拦网球员要注意对方的进攻球员的脸部转向何方以及眼睛在看何处。这通常是对对方的进攻球员扣球方向的提示。如果是单人拦网，对于直线下降的扣球，拦网球员要调整姿势让内侧脚和手与球网另一侧的球对齐；对于斜穿球场的扣球，拦网球员要调整姿势让外侧脚和手与球网另一侧的球对齐。这也适用于双人拦网——外侧拦网球员的姿势和单人拦网球员一样，而中位拦网球员应在起跳前移动并接近外侧拦网球员的内侧脚、臀部和肩膀处。

伸手过网

拦网球员将双手从球网上方伸过去，手要靠近球网，将双臂（如果拦网球员跳得没有那么高，就是双手）之间的球网区域封死，不让球从中穿过。拦网的终极目标就是尽一切努力将球阻挡在对方的球网一侧。

拦网时身体要稍微弯曲，核心肌肉要绷紧，双臂要伸直并锁定，肩膀耸起，以保持稳定有力的姿势（参见图4.3）。当扣球打在拦网球员的手上时，这能够帮助拦网球员的肩膀和双臂保持稳定。双手充当挡板，通常双手之间的距离小于球的直径，手指和腕部要硬挺，而且要独立活动。对于外侧拦网球员，外侧手应弯曲回到球场中，而内侧手则要朝向球场中间。对于中位拦网球员，内侧手或者最靠近球场中间的那只手要朝向对方的进攻球员，切断斜穿球场的扣球。综上，拦网球员的手掌要朝向希望将球反弹回到对方场地的方向。

图4.3　拦网球员伸手过网拦对方扣球

平衡着地姿势

　　拦网球员从跳起到从高处降落时，双手都要保持高举，以便能够在扣过来的球的前面停留尽可能长的时间。拦网球员要双脚平衡着地，膝盖稍微弯曲，这样就能够根据球过来的方向任意移动，并随时准备好从拦网角色转变成进攻角色（参见图4.4）。

图4.4 拦网球员以平衡的姿势着地

看一看

以下小节提供了关于拦网的其他信息。

技能	页码
前排进攻	88
快速进攻	97
背飞	102
救球	114
进攻性发球	142
打手出界	152
扣二次球	158
团队布局防守	162
判读进攻球员	165
防守背飞	168
决定拦网策略	171
防守后排进攻	174
接高球	177
防守快速进攻	183
防守二传手的轻扣或进攻	190

（续）

常见错误

以下是教练教球员拦网时，球员可能会出现的几个常见错误及相应的纠正方法。

错误	纠正方法
没有垂直跳起或没有位于对方进攻球员的肩膀前方	提醒拦网球员在拦球时用外侧脚踏地。该动作就像给侧向动能加上制动阀，从而引导拦网球员垂直向上跳起。提醒拦网球员关注对方的进攻球员，这样拦网球员才能进入正确的位置，在球过网的一刻确保双手位于对方进攻球员的肩膀前方
起跳过早或过晚	提醒拦网球员应该呈受力状态下的膝盖弯曲姿势，随时做好起跳准备，以免在起跳前花时间弯曲膝盖，因为这样做会延迟将双手举过球网的时间。让拦网球员在热身时密切关注对方的进攻球员，确定其挥动手臂的速度（如果对方的进攻球员挥动手臂的速度很快，那么拦网球员可能要比平时更早起跳）
双手没有越过球网	锻炼拦网球员的跳跃能力，让他能够将双手从球网上方伸过去。提供从球网侧边拍摄的视频，向拦网球员展示双手应该放在什么位置。在实际操作中，让拦网球员戴上颜色鲜艳的手套，这样他就会注意到手什么时候离开了球网且脱离了自己的视线范围
观察对方的进攻球员不够仔细，因此未能及时来到对方进攻球员的肩膀前方	提醒拦网球员在接近的过程中关注对方的进攻球员，并了解对方的进攻球员使用左手还是右手击球。然后拦网球员就能够确定自己应该接近其哪侧肩膀的前方且应处于球过网的哪个角度 在实际操作中，让拦网球员戴上棒球帽，强迫他关注对方的进攻球员而不是看空中的球。将视线限定在头部水平后，就可以让拦网球员练习将注意力从传起的球转移到将要对付的进攻球员身上

续表

错误	纠正方法
触网犯规	在实际操作中,让拦网球员练习沿着球网或墙壁移动且不发生触碰。提醒拦网球员手和脚总是要与球网保持和开始时一样的关系。提醒拦网球员开始踏第一步时,如果主导的那侧脚和肩膀挨着球网,那么手就要从球网处抽开,若再向球网移动就很可能触网
向球的方向挥手	提醒拦网球员双手必须总是放在身体的前方,而且必须做到封锁球网和将手伸过网推球。如果双手不在前方,拦网球员就会将手放回网前去拦网,从而导致挥动的手臂和手碰到球网,因此,可让拦网球员在练习中戴上颜色鲜艳的手套,确保双手位于自己的视线范围内,而不是在身后
球从内侧手附近过网	让拦网球员通过练习确保手位于球网的上方,并调整角度对准对方的进攻球员,这样球就不会从手上弹走,而是回弹到对方的球场上

关键点

以下是救球的关键影响因素。

○ 预备姿势。
○ 判读形势。
○ 移动到对方将要扣球的位置。
○ 对方进攻球员触球时救球球员的
  身体姿势。
○ 手部和手臂姿势。
○ 接触球。
○ 随球动作对准目标。

救球是单独执行的防守技术，指救球球员利用前臂将球弹起。救球球员将根据比赛进展分析形势，部署在拦网球员的周围，做好在对方进攻球员扣下的球落地前将其挡起的准备。当拦网球员和后排救球球员配合进行防守时，可能会产生激动人心的一幕。

预备姿势

救球球员要以较低高度的预备姿势面向对方的进攻球员，双脚稍微比肩宽，双臂和手掌位于身体前方（参见图4.5）。他们要处于球场中能够了解场上形势的位置，而且在该位置上通过采用三步接近法就能够防守到自己负责的区域。救球球员要环顾球场，了解在球场中距离自己较近的边线和底线的位置，这点非常重要。了解这些边界的位置能帮助救球球员判断球是否会出界，如果会就放弃接球。

判读形势

救球球员需要观察比赛的进展，判读和预估进攻机会，并利用良好的时机把握能力和判断能力移动到正确的位置。救球球员的眼睛要睁大，而且首先要观察对方球场上的总体形势。救球球员要观察对方所有球员以及球的动向。救球球员要盯紧向对方传球球

图4.5　救球球员的预备姿势

员或救球球员对球的移动，然后观察对方的挡球部位，从而判断球的回弹角度。这点非常重要，因为对手可能传球不佳，直接将球传过了网，在这种情况下拦网球员必须做好击球准备。

在判断传球或救球的质量后，救球球员接着要观察对方的二传手，看看传球的方向能否确定（要想获得相关线索，救球球员就要在热身运动期间仔细观察对方的二传手，找出其传球能否存在任何偏好，并将该信息告诉队友）。在球被传起后，救球球员要观察对方进攻球员的接近角度、速度和头部姿势，因为对方的进攻球员通常朝着接近的方向或者脸部方向扣球。救球球员接着要将所注意到的任何特别信息告诉队友，让队友知道对方将在什么位置扣球。

移动到对方将要扣球的位置

判读和估计对方将要扣球的位置后，防守球员应快速移动到该区域，同时保持和前面一样的相对比较低的身体姿势（参见图4.6）。身体应该保持在同一水平的姿势上，避免头部上下移动影响到视线和执行动作的注意力。这还将加快移动速度，因为救球球员不需要先抬高身体移动再恢复至低姿势去接球。在向扣球位置移动的过程中，救球球员应该采用快速的拖动步伐，或者拖动步伐和交叉步伐并用。

在向球移动时，救球球员要保持在一个能够看到其他队友的位置。这点非常重要，有利于让救球球员知道什么时候去救落在夹缝中的球（落在两个球员之间的球），避免相互发生碰撞。距离球比较远的后排防守球员一定不要争抢夹缝中的球，而是让队友救球，如由与进攻球员距离最近的防守球员从更外围的防守球员的前面穿过去救球。距离球更远的防守球员要盯防更外围的夹缝，或者从与球距离更近的队友的后方穿过夹缝。这点将在关于防守战术技能的第6章进行更加详细的论述。

图4.6　救球球员移动到对方将要扣球的位置

对方进攻球员触球时救球球员的身体姿势

对方进攻球员接触球时，救球球员应该停下来，双脚的距离比肩宽，身体向前倾，做好快速移动接来自任何方向的球的准备（参见图4.7）。手指要张开，双臂放松地垂于膝盖前，手掌朝向对方的进攻球员。

图4.7　对方进攻球员接触球时救球球员的身体姿势

对方的进攻球员接触球后，己方通常的做法是防守球员要保持足够低的姿势。该姿势能够保证防守球员的双臂位于球的下方。如果需要救重击过来的球，救球球员能

（续）　**115**

看一看

以下小节提供了关于救球的其他信息。

技能	页码
前排进攻	88
快速进攻	97
背飞	102
拦网	108
翻滚救球	129
趴地救球	133
单手前扑救球	136
多样化进攻	149
打手出界	152
扣二次球	158
团队布局防守	162
判读进攻球员	165
防守后排进攻	174
接高球	177
使用自由人	180
防守快速进攻	183
追逐救球	187
防守二传手的轻扣或进攻	190

够以比降低身体快得多的速度抬高身体。救球球员的头部应该向上，以便能够从拦网球员的手的下方看到球。

此外，救球球员被迫延伸防守姿势、将手伸到球的下方时，他要保持站稳直到接触球，这点非常重要。这样做能够确保救球球员倒在地上，然后需要调整身体姿势来救球。通常情况下，仅当失去平衡而且球已经接到后，救球球员才能倒地。如果在最后一刻球被队友接到，那么救球球员仍然要站稳，以便调整姿势去追逐弹起的球。

手部和手臂姿势

球飞向救球球员时，他要将双手准确地置于球到来的方向上，而且双眼要尽量盯紧快速飞来的球。双臂伸出在身体的前方，双手拇指的指根并拢并转动双臂，让在肘部和手腕之间的前臂内侧形成平坦结实的表面，用来接球并将球挡到目标区域。如果球从救球球员身体之外的地方接近，那么他需要向球的方向移动，但不用先将双手并拢。救球球员要有足够的自律性，不要过早地将双手并拢，因为这样做，其通常会将平坦部位挥向球，而不是让球自己落在平坦部位上。此外，过早将双手并拢会影响救球球员快速向球移动，而且球很可能会从移动的平坦部位上弹射开，落在救球球员的后方。

接触球

在接触球后，救球球员要短暂保持手臂和躯干姿势，并让平坦部位保持不动（参见图4.8）。救球的目标区域是进攻线的中央上方。接触球时身体姿势要低，而且平坦部位向上，这样球才能被正确弹起（球被弹起会

图4.8 救球球员接触球

落在球场进攻线的中央上方）。球应该弹起大约6米高且悬垂于空中，这让二传手有足够的时间从防守角色转换过来，即从拦网球员或后排防守球员转换成传球球员。此外，这样做还能给拦网球员离开球网进入预备姿势、转变成预备进攻球员留出时间。

随球动作对准目标

球一旦接触平坦部位，只要救球球员短暂保持该姿势，救球的准确性就会提升。这能够确保平坦部位足够结实并朝向目标区域，而不是快速挥向球。

常见错误

以下是教练教球员救球时，球员可能会出现的几个常见错误及相应的纠正方法。

错误	纠正方法
救球时将球挡过了球网	提醒救球球员需要更好地了解球的弹起角度和所要采用的平坦部位姿势，以便让平坦部位位于球的下方并保持球位于身体的球网侧。通常情况下，救球球员距离球网越近，平坦部位就要放得越平（更加平行于地面），臀部也要放得越低。为了练习这个姿势，可让球员将过网球救起，包括短球和长球，这样其就能感觉到身体姿势的变化和每次救球时球的反弹表现
在接到球前坐在地板上	可让救球球员进行一些腿部力量训练，以增强腿部在冲刺时的力量，以及改善股四头肌的力量和灵活性
球从防守球员的平坦部位弹起到其身体后方的球场之外	提醒救球球员必须在身体的前方接触球。可通过训练确保救球球员明白其必须让球保持在身体前方，即介于并拢的平坦部位和球网之间
救球不准确	提醒救球球员在松开双手赶去掩护进攻球员前，要保持随球动作两秒（或者直到二传手接到球）
在对方的进攻球员扣球时才移动	确保救球球员有机会"判读"到对方的进攻球员要扣球过网。救球球员对球的动向了解得越充分，在接触球时就越可能进入正确的位置，而且救球也就越准确。经验丰富的救球球员在救球时貌似总会出现在正确的位置上，因为他们对形势的判读非常透彻，能够在接触球时平稳地停下来，而且在接触球后有必要时会继续移动追逐球

（续）

疾跑救球

关键点

以下是疾跑救球的关键影响因素。

○ 预备姿势。
○ 判读形势。
○ 向球移动。
○ 接触球。
○ 继续移动几步。

对方的进攻球员决定轻拨球或者球从拦网球员或救球球员处弹走时，救球球员可以通过疾跑救球来追逐并挡起慢速移动的球。救球球员必须追逐球并将其救回球场中。这是一项非常重要的技术，因为在比赛中会多次用到。救球球员要保持低姿势跑向球，在就要接触球前将双臂并拢形成平坦部位，而且双臂要朝向将要救球或垫起球的方向。

预备姿势

救球球员要在后排以中低运动预备姿势面向对方的进攻球员，双脚稍微比肩宽，上臂和手掌位于身体前方（参见图4.9）。救球球员要进入球场中便于观察形势和移动的位置，而且要能在3步之内移动到自己所负责的区域。救球球员要环顾球场，了解在球场中距离自己较近的边线和底线的位置，这点非常重要。救球球员要对扣球快速做出反应，所以他们要了解这些边界的位置，以判断球是否将要出界，或者是否其他队友距离球更近。

图4.9 救球球员在疾跑救球时的预备姿势

判读形势

救球球员需要观察比赛的进展，判读和预估进攻机会，并利用良好的时机把握能力和判断能力移动到正确的位置。救球球员的眼睛要睁大，而且首先要观察对方球场上的总体形势。救球球员要观察对方的所有球员以及球的动向。救球球员要盯紧向对方传球球员或救球球员移动的球，然后观察对手的挡球部位，从而判断球的回弹角度。这点非常重要，因为对手可能传球不佳，直接将球传过了网。

在判断传球或救球的质量后，救球球员接着要观察对方的二传手，看看传球的方向能否能够确定（要想获得相关线索，救球球员就要在热身运动期间仔细观察对方的二传手，找出其传球是否存在任何偏好，并将该信息告诉队友）。在球被传起后，救球球员要观察对方进攻球员的接近角度、速度和头部姿势，因为对方的进攻球员通常朝着接近的方向或者脸部方向扣球。救球球员接着要将所注意到的任何特别信息告诉队友，让队友知道对方将在什么位置扣球。

向球移动

在判读形势并通过观察对方进攻球员的轻拨球或者从拦网球员处离开的球估计出对方将要扣球的位置后，救球球员应快速移动到该区域，同时保持相对比较低的身体姿势，其中胸腔朝向地面，头位于脚的前方。上半身应该保持在同一水平的姿势上，避免头部上下移动影响到视线和执行动作时的注意力。这还将加快移动速度，因为救球球员不需要先抬高身体移动再恢复至低姿势去接球。疾跑救球不要求使用特别的步法，救球球员只需要保持压低肩膀前进，同时在接近球的时候随时准备好并拢双臂形成平坦部位。

看一看

以下小节提供了关于疾跑救球的其他信息。

技能	页码
前排进攻	88
后排进攻	93
救球	114
翻滚救球	129
多样化进攻	149
打手出界	152
防守背飞	168
防守后排进攻	174
追逐救球	187
防守二传手的轻扣或进攻	190

接触球

救球球员在追逐球时，要持续压低肩膀跑动，在接近接触点时，要将双臂向前伸直，大致与地面平齐，确保拇指指根并拢（参见图4.10）。要用腕部和肘部之间的平坦部位接触球。重要的是，接触球时肩部和平坦部位要朝向目标。这并不意味着手和手腕要挥向目标，而仅要求平坦部位的角度朝向正确的方向。救球球员在将双手分开前，要保持该姿势几秒。

图4.10 救球球员在疾跑救球中接触球

（续）

继续移动几步

在接触球后，救球球员要利用惯性在原来的方向上继续移动（参见图4.11），而没有必要马上停止或突然改变方向。一旦惯性减弱，救球球员就可以开始转而为进攻球员提供掩护。

图4.11　疾跑救球时救球球员在接触球后继续跑动几步

常见错误

以下是教练教球员疾跑救球时，球员可能会出现的几个常见错误及相应的纠正方法。

错误	纠正方法
在跑向球前站起来	让防守球员通过保持肩膀下压沿着中线在球网下方跑动来练习疾跑姿势，如果其站起来跑就会碰到球网
一开始就跑向自己认为将要扣球的地方	提醒救球球员预估球的动向，并要有自律性，等到真正看到球往该方向飞去时才动身。如果救球球员过早动身，对方的进攻球员可能会向其刚离开的位置击球（例如吊长球而不是短球）
将双手挥向目标	提醒救球球员在接触球后，平坦部位和手要保持在防守球员跑动的方向上。让救球球员沿着放置在球场上的线条跑。从该线条上将球抛起在球网上方，并让救球球员将最靠近目标那侧的肩膀降低，然后以一定的角度将球传回给目标，同时保持双臂和双手在该线条上

掩护进攻球员

将球传给进攻球员时，该球队的所有其他队员都要移动到球场上的特定位置，做好准备救起对方拦网时返回的球。如果球被对方拦住，那么己方球员要处于预备姿势，将被拦回己方球场的球救起。

关键点

以下是掩护进攻球员的关键影响因素。
○ 在传球时移动。
○ 进攻球员接触球时的身体姿势。
○ 转换回到基础姿势。

在传球时移动

在球被传给己方进攻球员的瞬间，各个队员都要移动到球场上已经分配好的位置上，为进攻球员提供掩护。如果每个人都在正确的位置上，那么在进攻球员扣球时球场就处于平衡状态。这种状态给进攻球员扣球提供了自信，因为即使扣球被拦也有队友提供掩护，将拦网弹回的球救起，并再次给他（或另一名进攻球员）提供扣球机会。

进攻球员接触球时的身体姿势

进攻球员接触球时，所有提供掩护的队员都要以平衡的低姿势停下来（参见图4.12）。即使还没有完全到达自己的指定位置，防守球员也要停下来。这让每个队员都能够对反弹的球做出反应，同时马上根据球的方向移动、追逐球。在停下来后，防守球员的双脚要宽距离站立，膝盖弯曲，肩膀前倾，双臂平行于地面向前伸出，而头部要抬起。球场上留给球员反应的时间非常少，因此让双臂伸出做好准备是合理的。

图4.12　进攻球员接触球时提供掩护的队员的身体姿势

看一看

以下小节提供了关于掩护进攻球员的其他信息。

技能	页码
正面传球	63
背后传球	68
侧面传球	72
跳起传球	76
单手传球	80
前臂垫球	84
前排进攻	88
背飞	102
团队接发球	146
打手出界	152
接高球	177
追逐救球	187

转换回到基础姿势

如果球没有被拦住，那么防守球员需要转换回到基础姿势，在移动的过程中眼睛要盯着球网另一侧的球。如果球被拦住而且其中一名防守球员将球救起，那么其他防守球员需要快速向后退，将角色转换成进攻球员或者做好准备为下一位进攻球员提供掩护。这将在第6章进行详细论述。

防守球员要关注对方拦网球员的手臂和手，因为如果扣球被对方拦住，这将是球被拦回来的方向，而且速度很快。防守球员要在进攻球员的正后方提供掩护，并将所看到的信息传达给进攻球员，这点非常重要。所传达的信息可能包括对方有多少个拦网球员起跳、对方拦网球员之间出现的漏洞或缝隙，或者建议进攻球员将球向下还是斜向扣过去。常见的口号包括"直线""斜角""空隙""一人拦网""无人拦网"。如果球被拦住而且从网上弹回来，那么救球的目标就是让球远离球网并进入进攻线附近的球场中心。传球球员能够进入该区域，因此可以再次将球传给进攻球员。

常见错误

以下是教练教球员掩护进攻球员时，球员可能会出现的几个常见错误及相应的纠正方法。

错误	纠正方法
不在正确的位置上	让进攻球员练习处于正确的进攻位置，要求球场上的所有防守队员为进攻球员提供掩护，同时确保他们都知道如何从防守角色转换为进攻角色
未移动以为进攻球员提供掩护	未得到传球的前排进攻球员通常会放弃扣球，原地提供掩护或者移动到球网前准备拦网。如果发生这种情况就要让所有球员停下来，确保他们知道自己要去何处，直到所有球员都进入正确的位置。在传球时让球员们喊口号"掩护"
将球救过网	让球员在距离墙壁0.9米的位置，盯住墙上与球网同高的位置。然后让另一名球员站在其身体后方，并让他向墙壁抛球，球从墙上落下时让前方的球员朝远离墙壁的方向将球救起

传球或救球时，球难免会意外撞在网上，这可能是因为接发球太糟糕或者扣球质量不佳。如果在球撞网前未能进行干预，那么球员可以以球网为回弹点。重要的是，教练要训练球员看清楚球是从何处撞在网上的，这样他就知道要移动到什么位置才能接住从球网上弹回的球。

关键点

以下是救撞网球的关键影响因素。

○ 看着球撞在网上。
○ 身体姿势和在球网前接触球。
○ 转换至下一个姿势。

看着球撞在网上

在球向球网方向移动时，防守球员要观察其飞行轨迹。如果球撞在球网的上半部分，那么它很可能会落在球网附近（参见图4.13a）；如果球撞在球网的下半部分，那么它可能会弹得更远（参见图4.13b）。当然，球网的松紧程度会影响到球从球网上弹开的距离，因此防守球员在开始比赛前应向球网抛几个球以进行测试。此外还要知道的是，球员将球击到网上算作己方球队的第一次触球。

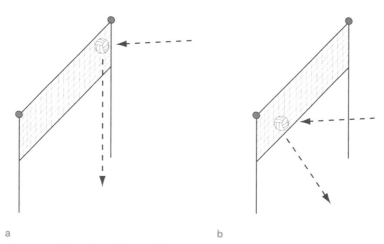

a
b
图4.13　球撞网时回弹的位置：（a）撞在球网的上半部分；（b）撞在球网的下半部分

身体姿势和在球网前接触球

　　球撞在网上时，防守球员应该移动到一个面向球网且与之呈45度的位置，以便将球救起到球场的中间，至少距离球网1.5米远。防守球员应该保持低姿势，双脚距离要宽，臀部放低，膝盖弯曲，双臂伸出，双手并拢，做好接球的准备（参见图4.14）。身体要放得足够低，这样双臂就会低于球网，给防守球员留出更多时间做出反应并接球。在球从球网上弹开时防守球员要有足够的耐心，因为球将向地面方向落下。如果有必要，防守球员甚至可以将身体压得更低，将从球网上弹出的球救起。

　　如果球直接飞向防守球员，那么防守球员可能有必要弯曲肘部，将球朝着远离球网的方向挡，这被称为J形挡球（参见图4.15）。这是绝大部分球员在防守或传球时唯一会弯曲肘部的情形。注意，这次击球将算作己方球队的第二次接触球，因此下一次接触球将是第三次也是最后一次，所以下一次接触球后，球必须过网。

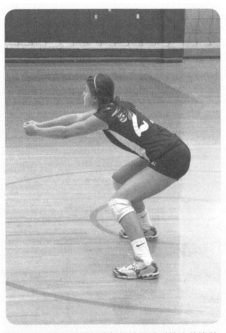

图4.14　防守球员在准备救撞网球时的身体姿势

图4.15　防守球员采用J形挡球

转换至下一个姿势

　　一旦球从网上弹开后被救起到球场中间，那么下一次接触球将是己方最后一次接触球，因此进攻球员必须将球击过球网。将球从球网上救起的防守球员不能参与第三次接触球，所以该防守球员要做好准备为进攻球员提供掩护。

看一看

以下小节提供了关于救撞网球的其他信息。

技能	页码
前臂传球	55
头上传球	59
拦网	108
救球	114
使用自由人	180
追逐救球	187

常见错误

　　以下是教练教球员救撞网球时，球员可能会出现的几个常见错误及相应的纠正方法。

错误	纠正方法
球弹起越过防守球员或者落在其前方	提醒防守球员仔细观察球飞向球网时的轨迹，判断球弹回的方向和速度。可通过以不同的速度和方式将球抛向球网，让防守球员练习如何估计球每次从球网上弹起的方向和速度
被判触球犯规或持球	提醒防守球员身体姿势要足够低，要让球落在前臂上且快速弹起
救球过网或者撞网	提醒防守球员在面向球网时，身体与球网不要过于平行，要呈更大的角度，让其中一侧肩膀、臀部和脚比另一侧更靠近球网。此外，如果防守球员的平坦部位过低而且与地面不平行，也会导致这种情况。可以让球员站在距离墙壁0.9米远的地方练习正确的姿势，并让其盯着墙上与球网同高的位置。然后让另一名球员站在其身体后方，并让后方的球员向墙壁抛球，让前方的球员将球朝远离墙壁的方向将球救起

（续） **125**

关键点

以下是头顶救球的关键影响因素。

○ 预备姿势。

○ 手臂姿势和接触球。

○ 朝向目标的随球动作。

在比赛中进行防守时，球员应该部署在球场中，让球保持在较低位置并位于身体前方，然后使用前臂的平坦部位将球救起。不过，在某些情况下或者进行团队防守时，球员要在开始时距离边线或底线比较近，或者对方的进攻球员以更高、更平的轨迹击球，防守球员就需要进行头顶救球。尽管手的姿势可能不同，如手可以张开、握拳或者双手紧扣，但结果应该是一样的，即让球飞向球场的中间，这样二传手或其他队友就可以将球传给进攻球员，让进攻球员能够出色发挥。在排球规则中第一次触球不一定非得是"遵守规则的击球"，因此球员可以举起手接触球。球员需要明白主办机构的特别规定。

预备姿势

防守球员要以比较低的防守预备姿势面向对方进攻球员，双脚稍微比肩宽。肩膀要保持低姿势，胸腔朝向地面，头部在双脚的前方（参见图4.16）。这是便于观察球和做出反应的防守姿势。双臂伸出在身体前方，手掌向上。

手臂姿势和接触球

球飞向防守球员时，处于较低的预备姿势的防守球员有两种触球选择。

第一，将双手举起，手指张开，而且手腕和手指保持坚挺，类似于拦网时手的姿势（参见图4.17a），用手指的指腹接触球

图4.16　防守球员在头顶救球中的预备姿势

（参见图4.17b）。这是非常高级的动作，球员必须进行大量训练以确保拥有强壮的手和手腕来准确安全地完成该动作。

第二，将双手并拢，有时称这种姿势为"短柄小斧"。要想做出该姿势，球员可以将一只手稍微窝起并贴在另一只手上（参见图4.18a）或者抱拳（参见图4.18b），在接触球的期间保持双手并在一起。球将接触掌跟或前臂接近腕部处。前臂形成的平坦部位要朝向天花板，这样球才会向上弹起。

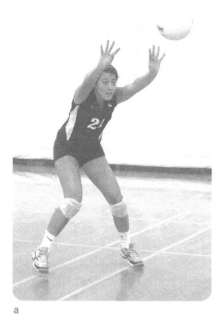

a

b

图4.17　防守球员双手张开接触球

a

b

图4.18　防守球员在头顶救球时叠指或者抱拳

（续）　**127**

头顶救球（续）

看一看

以下小节提供了关于头顶救球的其他信息。

技能	页码
头上传球	59
前排进攻	88
后排进攻	93
快速进攻	97
背飞	102
救球	114
多样化进攻	149
打手出界	152
团队布局防守	162
判读进攻球员	165
防守背飞	168
防守后排进攻	174
防守快速进攻	183
防守二传手的轻扣或进攻	190

朝向目标的随球动作

防守球员要短暂地保持手臂姿势（参见图4.19），确保球朝着预定方向移动，即飞向目标区域或者进攻线附近的球场中心。将手过快放下会导致动作过快和接触球的部位不稳定。

图4.19　防守球员在头顶救球后朝向目标的随球动作

常见错误

以下是教练教球员头顶救球时，球员可能会出现的几个常见错误及相应的纠正方法。

错误	纠正方法
球从防守球员的双手直接穿过	提醒防守球员双手保持足够结实，以张开或抱拳的姿势完成头顶救球
双手举起过晚	提醒防守球员其双手的预备姿势可能过低。如果球的力度很大或者球速过快，那么其就没有足够的时间将手举起。应将防守球员布局在球场上更纵深的防守位置，这样其就不必过多地进行头顶救球

翻滚救球用于在紧急情况下进行防守救球，将球救起后防守球员要快速回到预备姿势。如果球员通过矮箭步来伸展身体救球，那么他就可以触及更远一些的地方，而且通过采用该技术在地面上翻滚能够防止突然停下来。这项技术之所以称为翻滚救球，因为防守球员的身体就像一个水桶在地面滚动。采用该技术时，防守球员要能舒服地适应地面，如果球员在该动作中保持足够低的姿势，那么在将球救起后就能更加自信地在地面上翻滚。

关键点

以下是翻滚救球的关键影响因素。

○ 预备姿势。
○ 向球移动。
○ 接触球。
○ 在接触球后以身体侧面滑行。
○ 以背部翻滚。
○ 爬起来。

预备姿势

防守球员以较低的预备姿势面向对方的进攻球员，双脚间距稍微比肩宽。肩膀要保持低姿势，胸膛朝向地面，头部在双脚的前方（参见图4.20）。这是便于观察球和做出反应的防守姿势。双臂伸出在身体前方，手掌向上。防守球员必须在3步之内就能够到达自己负责的防守区域。

向球移动

在判读并预估出扣球位置后，防守球员要快速移动到球场中的恰当位置，即朝着球的方向进行一步或两步快速移动。防守球员一旦确定无法通过常见的救球方法将球救起，那么就要通过最后一步来接近球。踏最

图4.20 防守球员的预备姿势

后一步时防守球员要猛冲，并降低臀部，伸展最接近球的那条腿，使身体从脚的一侧接近球。

接触球

　　防守球员在距球足够近的情况下要使用双臂的平坦部位接触球，但是也可以单臂接触球，尝试将使用快步后刚好能够着的球救起。平坦部位要向球的方向靠近，而且在接触球前要位于球的下方（参见图4.21）。防守球员应并拢前臂形成平坦部位，让球在这个结实的平面上弹起。如果可能，防守球员要试图让平坦部位（或者最靠近球的那侧前臂或手）向上而且朝向目标区域，即进攻线附近的球场中心。

图4.21　防守球员在翻滚救球时接触球

在接触球后以身体侧面滑行

　　接触球后，防守球员要让外侧手沿着地面滑行，以消耗身体的动能，而不是突然停下来。球员要将外侧膝盖转向身体中间，在外侧手沿地面滑行的过程中让身体侧面接触地面（参见图4.22）。重要的是要转动膝盖，避免其撞在地面上。事实上，如果该动作被正确地执行，膝盖根本不会接触到地面。

图4.22　防守球员在翻滚救球时接触球后以身体侧面滑行

以背部翻滚

在防守球员伸展一条腿而且背部滚地时，其动能会让身体继续移动（参见图4.23）。滚动要围绕背部进行，避免脖子和头部受伤。防守球员应继续翻滚至腹部接触地面。

图4.23　防守球员在翻滚救球时以背部翻滚

爬起来

防守球员翻滚至腹部接触地面时，弯曲的那条腿应从身体上方翻过，让脚着地，然后用手撑地爬起（参见图4.24）。防守球员要能够快速爬起来，为下一个动作做好准备，这通常是进行移动并为进攻球员提供掩护。

图4.24　防守球员在翻滚救球后爬起来

看一看

以下小节提供了关于翻滚救球的其他信息。

技能	页码
救球	114
疾跑救球	118
救撞网球	123
趴地救球	133
单手前扑救球	136
多样化进攻	149
判读进攻球员	165
防守背飞	168
防守后排进攻	174
使用自由人	180
追逐救球	187
防守二传手的轻扣或进攻	190

（续）

常见错误

以下是教练教球员翻滚救球时，球员可能会出现的几个常见错误及相应的纠正方法。

错误	纠正方法
以膝盖着地，而不是猛冲一步然后向内转动膝盖	提醒防守球员以慢动作练习该技能力，确保向内转动膝盖，避免膝盖接触地面
在向球猛冲一步时伸展的距离不够远	在防守球员伸展身体接触球时，帮助其学习正确的身体姿势。首先轻轻地拉其外侧的手（伸展的方向），直到其臀部不再位于脚的上方且身体失去平衡
害怕接触地面	首先不用球，让防守球员以非常低的身体姿势慢慢练习该技术，直到其舒服地适应地面。确保防守球员的腿有足够的力量支撑身体离开地面，提醒他直到接触球后才可松懈。向前和向侧面冲刺能够很好地锻炼腿部力量

趴地救球是一项应急技术，用来救起重击后快要触地的球，这种球通常是由对方的进攻球员直接扣向防守球员的，而且会落在防守球员的前方。此时，防守球员根本没有时间移动并接近球，仅能向地面方向、球的下方伸出双臂。在这种情形中，防守球员最先要做的是让双臂接近球、进入球的下方并将球挡起，避免球着地。

关键点

以下是趴地救球的关键影响因素。
○ 预备姿势。
○ 向球移动。
○ 接触球。

预备姿势

防守球员要以较低的预备姿势面向对方的进攻球员，双脚间距稍微比肩宽。肩膀要放低，胸腔朝向地面，头位于脚的前方（参见图4.25）。这是便于观察球和做出反应的防守姿势。双臂伸出在身体前方，手掌向上。防守球员必须在3步之内就能够到达自己负责的防守区域。

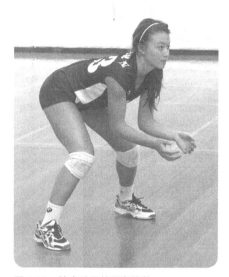

图4.25　防守球员的预备姿势

图4.26　防守球员向球移动进行趴地救球

向球移动

防守球员在判读形势和等待进攻球员接触球时，双脚要宽距离站好，膝盖弯曲，臀部低至接近地面。然后防守球员要以最靠近球将要落下的位置的那只脚快速踏出矮步，尽量让臀部低于膝盖（参见图4.26）。这对于球的安全非常重要，防守球员应让身体能够趴在地上或者从较低的位置沿着地面滑行，而不是从较高的位置落在地面上。

看一看

以下小节提供了关于趴地救球的其他信息。

技能	页码
救球	114
疾跑救球	118
翻滚救球	129
单手前扑救球	136
扣二次球	158
判读进攻球员	165
防守背飞	168
防守后排进攻	174
使用自由人	180
防守快速进攻	183
追逐救球	187
防守二传手的轻扣或进攻	190

接触球

防守球员在猛冲而且就要接触球时，要快速将双手并拢（参见图4.27a），将拇指的指根并拢，让前臂形成结实的平坦部位。平坦部位要击球或者在球下方沿着地面滑动。重要的是，平坦部位进入球的下方后要与地面平行，这样球就会向上弹起，而不是以较低的飞行轨迹向前弹。由于前臂要接触球，所以猛冲的那条腿的膝盖要向外转动，这样身体就能以腹部趴在地面上，避免膝盖或臀部撞在地面上（参见图4.27b），这和翻滚救球的膝盖动作相反。防守球员的双臂要伸直，而且要沿着地面滑行，而不是试图让身体马上停下。这能够防止夹住手腕和肩膀或者身体突然停下来，而身体突然停下来会影响到平坦部位的角度，进而影响球弹起的角度。一旦将球救起后，球员只需从地面爬起来继续比赛。

a

b

图4.27　防守球员在趴地救球时接触球

常见错误

以下是教练教球员趴地救球时，球员可能会出现的几个常见错误及相应的纠正方法。

错误	纠正方法
试图阻止身体弯曲着接触地面	提醒防守球员必须舒服地趴在地面上（如果开始时臀部足够低，那么身体就会接近地面），趴地时速度要快而且要沿着地面趴下，伸出双臂将球挡起。与让身体继续前进相比，在中途试图让身体停下来对手腕和肩膀更加危险
在执行该技术前跑了几步	如果防守球员有时间跑到球跟前，那么就可以采用起跳救球技术。趴地救球仅适用于距离在一步之内，但是速度很快又不能移动脚步去接的球

（续） **135**

关键点

以下是单手前扑救球的关键影响因素。

○ 预备姿势。

○ 向球移动。

○ 腹部着地。

○ 接触球。

单手前扑救球就是将手平放在地面上的紧急救球动作，防守球员应在球快要触地时将手掌朝下放在球的下方。球将撞在手背上并弹起足够高的高度，让队友将球向后挡，使球进入常轨。这是防守球员不能通过其他办法接近球时的最后选择。

预备姿势

防守球员要以较低的预备姿势面向对方的进攻球员，双脚间距稍微比肩宽。肩膀要放低，胸膛朝向地面，头位于脚的前方（参见图4.28）。这是便于观察球和做出反应的防守姿势。双臂伸出在身体前方，手掌向上。防守球员必须在3步之内就能够到达自己负责的防守区域。

图4.28　防守球员的预备姿势

向球移动

防守球员看见球飞过球网时，就要试图接近球并接球，同时保持双脚移动。在移动几步后，一旦确定球将落在自己能够够到的范围之外，防守球员应该进入地面救球。要想降低身体，防守球员就要将臀部降低到接近地面，然后向球的方向长冲一步并伸展身体。

腹部着地

防守球员应腹部着地进入地面，然后伸出双臂尽最后的努力接近球。接球手要放平，手掌贴地。另一只手位于肩膀的前方，用来帮助将身体降低到地面，并在接近球的过程中为身体提供支撑（参见图4.29）。

图4.29　防守球员在单手前扑救球时腹部着地接近球

接触球

伸向球的那只手要掌心朝下放在地面上，手指尽量张开以提供最大的接触面积（参见图4.30）。在此刻，时机非常关键。防守球员必须计算好时间，在球接触地面前将手放在地面上，让球从手背上垂直弹起。如果这个动作正确完成，就能让手刚好在球的下方滑行，避免球接触到地面。在球接触手背后，防守球员快速爬起，继续比赛。

图4.30　防守球员在单手前扑救球时接触球

看一看

以下小节提供了关于单手前扑救球的其他信息。

技能	页码
救球	114
疾跑救球	118
掩护进攻球员	121
翻滚救球	129
扣二次球	158
判读进攻球员	165
防守背飞	168
防守后排进攻	174
使用自由人	180
防守快速进攻	183
追逐救球	187
防守二传手的轻扣或进攻	190

（续）

常见错误

以下是教练教球员单手前扑救球时，球员可能会出现的几个常见错误及相应的纠正方法。

错误	纠正方法
过早地将手放在地上	提醒防守球员应通过完全伸展身体来将手伸在球的下方。如果身体未完全伸展，手就会过早地进入地面
在没有必要的情况下进入地面使用该技术	提醒防守球员要优先考虑在双脚站立的情况下接球，以便能够连续进行比赛，为进攻球员提供掩护。为此，防守球员必须快速移动双脚进入恰当的位置去接球。如果不可能做到，那么防守球员就可以进入地面，伸展身体去救球
两只手都伸出救球	提醒防守球员将另一侧手放在肩膀附近支撑身体，帮助将身体降低至地面
球未从手背上弹起	手和胳膊需要完全接触地面

教授战术技能

　　掌握战术技能与否可能代表着新球队和经验丰富的球队之间的区别。重要的是，球员在运用技术技能时要自信自如，同时也要学习排球运动所涉及的战术技能。美国排球运动鼓励教练们"仅让团队尝试技术上可行的战术"，这是帮助球队获得成功的重要指导原则。教练可以通过教球员判读形势来让他们变得更强。当然，教练最好尽可能在类似比赛的场合中完成这些工作。

　　第 3 部分主要关注排球运动所涉及的战术技能，例如运用在发球策略中的战术技能（将不同类型的球以不同的轨迹和速度发到球场上的不同位置）、个人进攻战术技能（如何改变进攻速度和方向以及扣各种类型的传球），以及球员在球场上的不同位置可采用的战术技能。与关于技术技能的各章一样，这些关于战术技能的章节也都经过了精心设计，让你能够立即将学到的知识运用到教学中。

策略性思考

在战术技能的整个展示过程中，你将看到球员了解比赛情形时需要知道的内容。如雷纳·马滕斯在《执教成功之道》（第三版）中所描述的那样，了解比赛情形包括了解对方球队的二传手在前排还是后排，谁是最弱的传球球员、谁是最强的拦网球员和他们的位置，以及在特定的位置轮换过程知道谁是最强的进攻球员及其位置。换句话说，在面对特定的情形时，自己的团队需要了解特定的信息。例如，需要防守最强的对手时，你可能会问自己："面对这个进攻球员要如何进行防守？需要垂直拦网还是斜线拦网？对方在轻拨球还是重扣球？我们是否需要平衡球场布局？我们能否在这些防守位置快速转换为其他角色？"

你和你的团队必须知道赢得比赛所需的关键信息，以便做出最佳的决策。下面是球员在比赛过程中面对特定的情形时需要思考的一些问题。

- 你的策略是什么？
- 你的比赛计划对策略有什么影响？
- 比赛情形（比分、个人的强项与弱项以及位置轮换情况等）对比赛计划有什么影响？
- 如果我是对方的进攻球员，我会如何击破己方的防守？

在下文介绍的战术技能中，你首先会看到一幅概括性蓝图，或者将教练和球员置于特定的比赛场合中后，在该场合中很可能会用到特定的战术技能。"判读形势"栏目提供了球员做出正确选择时所需的重要线索。"小心！"栏目强调了可能影响球员做出正确选择的因素，并提供了深刻的见解。"学习所需的知识"栏目提供了球员做出正确的选择和成功执行战术技能所需了解的信息。最后，和关于技术技能的各章一样，你可以通过"看一看"栏目找到书中其他重要的信息，从而更好地将战术技能传授给球员。

第 5 章

进攻战术技能

本章将讨论球员要想获得成功就必须掌握的进攻战术技能，具体如下所示。

进攻战术技能	页码
进攻性发球	142
团队接发球	146
多样化进攻	149
打手出界	152
二传快球	155
扣二次球	158

进攻性发球能够直接得分。尽管进攻性发球非常重要，但是发球球员发球时必须谨慎明智，因为发球失误将让对手得一分。了解发球技术能够提高发球球员发球得分的概率。发球是排球运动中球员唯一能够控制各个方面的技术，例如球的起点和终点、球的速度和轨迹以及发球的类型。进攻性发球能够提高球队得分的概率，但是发球得分的次数一定要多于发球失误的次数。

⚠ 小心！

以下情形可能会让球员分心。

○ 在对方球队请求暂停后的瞬间发球。

○ 在上一名队友发球失误后发球。

○ 在局点和赛点发球。

○ 在回到发球区的过程中被观众干扰。

○ 在比分相差不大的情况下发球。

学习所需的知识

在学习进攻性发球时，教练和球员需要了解以下事项。

规则

在学习进攻性发球时，球员需要知道以下几条主要规则。

○ 关于在裁判吹哨后球员发球的时间限制规则。

○ 关于发球的位置轮换规则。

○ 关于重叠的规则。

○ 关于在底线后方的发球区域的规则。

○ 关于脚犯规的规则。

○ 关于接糟糕的抛球的规则。

判读形势

球员在进行进攻性发球时如何获得最大优势？你应教会球员下列事项。

● 识别最佳发球位置及其原因。

● 每次发球都采用相同的步骤。

● 相信自己能够有力地将球发往对方球场的不同区域。

● 争取每次发球都能直接得分。

● 发球击破对方的强大防守阵式或者完全击溃对方的防守体系。

● 在发球后马上跑入球场进行防守。

记住！

你和球员必须了解团队策略和比赛计划，并根据这些计划和当前情形评估进攻性发球战术。确保你和球员考虑到了第140页提出的问题。

对方的强项和弱项

教练和球员必须考虑对方的强项和弱项，了解进行进攻性发球时如何获得最大的优势。球员具体应考虑以下事项。

○ 对方的二传手在球场中的什么位置？观察对方的二传手在球场中的位置，然后将球发向那个位置，这会让对方的二传手更难避开发球路线。此外，当对方的二传手跑在接球球员前面并进入球网附近的传球位置时，该接球球员会很难专注于向自己飞过来的球。

○ 接发球模式的薄弱点在哪里？将球发到对方球员之间的缝隙里或者球场空当处，迫使对方的传球球员移动。这很可能导致对方的传球球员之间产生混乱，因为他们要决定由谁传球。

○ 你是否希望给对方的某个球员施加额外的压力？如果希望，那么你可以每次都将球发给他。通过让他每次都传球，减少该球员准备扣球的时间。他会因每次都需要集中精力传球而快速消耗自身的精力。

○ 发球得分的最佳位置在哪里？将球发给对方最弱的接球球员，让该球员传最多的球，并在比赛中给其施加压力。

○ 对方的球员在接球失误后会想什么？将球发给对方传球技术不佳的球员或能发球直接得分的球员，因为他很有可能再次出现失误。

○ 对方的教练会通过什么办法打乱己方的发球球员的节奏？对方的教练会出于各种各样的理由替换球员，原因之一便是分散己方的发球球员的注意力。

○ 应该将球发给谁？将球发给对方刚替补入场的球员。

○ 自由人是不是对方的最佳传球球员？如果对方球场上有自由人，可以给他发球测试他的传球能力。

○ 如何才能让对方球场上的传球球员移动？给对方前排最强的进攻球员发长球或短球，让其在扣球前移动传球，并使其离开最佳的扣球位置，这也意味着对方的二传手需要再次传球给其他球员。

○ 中位进攻球员能够传发球吗？给对方球网附近的中位进攻球员发短球，迫使其在扣球前先传球，这可能会使其离开进攻位置。

○ 应该将球发给谁？将球发给对方刚刚接发球失误的球员。他可能仍在思考刚才的失误，而且可能再次出现失误。

○ 球场上最佳的发球位置在哪里？将球发到1号位或者接近底线的位置（参见图3.40中的号位划分），这将迫使对方球员支援后方传球。

○ 球将要落在界外还是界内？将球发到对方的边线或底线附近，对方的接球球员判断是否接球。

看一看

以下小节提供了关于进攻性发球的其他信息。

技能	页码
下手发球	25
侧面发球	29
站立发飘球	34
跳发飘球	39
上旋球	43
抡臂发球	46
跳旋球	50
前臂传球	55
头上传球	59
防守背飞	168
防守快速攻击	183

（续）

自我认识

除了要知道对方的强项和弱项，教练和球员也要了解自己团队的能力。就发球而言，教练和球员应该知道以下事项。

○ 最强的发球球员位于轮换顺序中的什么位置？教练应设计轮换顺序和发球顺序，以取得最佳的结果。

○ 球员应如何改变发球方式？球员可以在底线后方的任何区域发球。他们很可能在靠近己方在球场上的防守位置的某个地方发球。发球方式不仅可以沿着底线进行调节，而且可以根据球员与底线之间的垂直距离进行调节。改变发球方式有助于打乱对方的传球节奏。

○ 是不是每个坐在一旁的替补球员都做好了入场发个好球的思想准备？每个替补球员都必须做好入场发球的思想准备，并静候教练的传唤。球员要注意对方的发球策略、能力较弱的传球球员、前排球员以及谁最后一次传球及其表现如何。

○ 如何影响对方的防守？在进行进攻性发球时将球发到对方能力较弱的传球球员附近、两个球员之间的缝隙里或者二传手后方的区域，都能削弱对方的防守能力。

○ 在特定情况下需要什么类型的发球？在特定的比赛情形下，需要百分之百成功的发球，例如在暂停比赛或者换上替补球员后。

决策制订指导原则

轮到己方发球时，要想确定获得最大优势的最佳方式，教练和球员就一定要考虑上述信息，此外，还要考虑以下指导原则。

○ 改变发球节奏和发球轨迹以及球发出的位置（沿着底线方向的宽度和在后方底线的不同深度）。发球球员必须能够发高短球或者低平球，让对手需要判断过来的是什么类型的球。

○ 发球球员必须以发球得分为目标去发球。发球球员需要猛烈有力但不要莽撞。发球球员要发自己能够控制的最有力的球，这一点非常重要。

○ 发球球员要掌握多种发球方法，打破对手的传球平衡。发球球员至少要掌握两种不同类型的发球方法。

○ 发飘球时尽量从后面更远的地方发，让球飞行的路线更长，增大对方准确接球的难度。

○ 刚好在底线后面发球，减少对方传球球员判读球的情况和调整传球动作的时间。

○ 从底线附近下压发球，给对方传球球员制造不利的传球角度，使其难以将球传回目标区域（球场中间）。

○ 向边线和底线附近发球，让对方传球球员必须判断球是否出界。

○ 发短球至3号位（参见图3.40，了解号位划分）或者对方任何刚好位于球网后方的中位进攻球员，这样能够阻止对方发起快速进攻。

○ 向对方任何前排进攻球员发短球，让接球球员向前移动传球，然后再退回去准备接应扣球。

○ 向对方任何前排进攻球员发长球，让接球球员先向后移动传球，然后再改变路线接应扣球。

○ 向对方1号位发长球或向对方2号位发短球，增大二传手向中位进攻球员传球的难度，因为球是从他后面传来的。

○ 将球发至对方传球球员之间的空隙里，让对方传球球员之间的相互接应配合变得不顺畅。相对于直接传过来的球，对方的传球球员需要移动传球，这样会更困难。

○ 向对方刚发生过传球失误的球员或刚替补上场的球员发球。刚出现过失误的球员通常会花很长的时间来回想刚犯下的错误，而不是准备好迎接下一个发来的球。至于刚替补上场的球员，己方发球球员要马上对其进行考验，了解他是否已经做好思想准备。

○ 在整个比赛过程中向对方的同一个球员发球，持续给他施加压力。

○ 每次先发长球或短球，如果对方的传球球员能够调整位置，就发更长或更短的球，使其失去平衡。

○ 好失误总比坏失误更胜一筹。坏失误是指球撞网，这时对方根本不用考虑是否接球。好失误是指球过网但可能过长或过偏，对方需考虑是否接球。

团队接发球战术要求球员能够准确地将球传至目标区域，同时二传手能够以各种方式将球传给进攻球员。顺利将球传给目标球员称为"处于（正常）防守体系中"。糟糕的传球，即二传手之外的球员需要传球，称为"处于（正常）防守体系外"。知道球队最佳的传球球员并且让他们与队友密切配合是球队赢得比赛的关键。进行接发球配合时，球员要就球是否出界进行呼喊交流，而且如果自己要接球就要主动喊出"我的"。最后，如果接发球质量较高，二传手就能够垫起好球，让进攻球员仅面对一个拦网球员，从而提高扣球得分的概率。

⚠ 小心！

以下情形可能会让球员分心。

○ 面向对方跳起的发球球员。

○ 观众大喊大叫。

○ 上一个接发球失误。

○ 在传球时队友之间缺乏交流。

○ 对方发出的具有进攻性的低平球。

判读形势

球队在准备接发球时，如何获取最大的优势？你应教会球员以下事项。

● 环顾球场，了解队友在球场中的位置，看看他们与边线、底线的距离以及与其他队友之间的距离。

● 分辨对方发球球员的类型和过去的发球倾向。

● 了解各自负责的防守区域。

● 迅速判断并与队友沟通球在界线内还是界线外。

学习所需的知识

在准备团队接发球时，教练和球员必须了解以下事项。

规则

记住！

你和球员必须了解团队策略和比赛计划，并根据这些计划和当前情形评估团队接发球战术。确保你和球员考虑到了第140页提出的问题。

在准备团队接发球时，球员需要知道以下几条重要规则。

○ 关于重叠的规则。

○ 关于发球球员接触球的时间的规则。

○ 关于接触球的类型的规则。

○ 关于发球时球撞网或球出界的规则。

○ 关于替补球员的规则。

对方的强项和弱项

教练和球员在准备团队接发球时必须考虑对方的强项和弱项，以便获得最大的优势。

球员具体应考虑以下事项。

- 对方发球球员的类型有哪些？做出调整以接对
  方的跳发球，即在对方发球前向前踏出一步。

- 对方从什么位置发球？回顾对方每个发球球员
  喜欢发向的空隙，而且在对方每次发球之前相
  互提醒各自需要防守的区域。

- 对方上一次将球发向什么位置和发给谁？关注
  对方每个发球球员在比赛过程中所做的事情，
  做好轮到对方某个发球球员发球时可能发向相
  同位置或发给己方相同球员的准备。

- 可以通过什么方法来分散对方发球球员的注意
  力？如果对方的发球球员已经得到2分或3分，
  那么应该改变己方的接发球阵式，或者让反复
  成为对方发球目标的传球球员退出接发球阵式。
  这会迫使对方的发球球员调整发球方法，并可
  能因此出现失误。

自我认识

看一看

以下小节提供了关于团队接发球的
其他信息。

技能	页码
下手发球	25
侧面发球	29
站立发飘球	34
跳发飘球	39
上旋球	43
抡臂发球	46
跳旋球	50
前臂传球	55
头上传球	59
前排进攻	88
快速进攻	97
背飞	102

除了要知道对方的强项和弱项，你和你的球
员也要了解自己团队的能力。就团队接发球而言，教练和球员应该知道以下事项。

- 哪些球员能够很好地配合？教练在组织球队时，要尽量将能够相互交流和理解的传球球
  员安排在一起。

- 谁是球队的最佳传球球员？一些球员的接球能力比另一些球员好。教练应在日常训练中
  记录传球数据，确保在实施团队接发球战术时选择最佳的传球球员。此外，教练应坚持
  记录球场上不同位置的每个球员的数据。一些球员在球场的右侧传球表现好，而另一些
  则在左侧传球表现好。

- 应该采用什么样的接发球阵式？根据球队中优秀传球球员的人数，教练可以在不同的阵
  式中安排2~4个，甚至5个传球球员。传球球员应做好在每次轮换位置时改变接发球阵
  式的准备，以分散对方发球球员的注意力。不过要注意，不管接发球阵式中有多少个传
  球球员，他们都要提高将球成功传给二传手的概率。

- 能否让团队中的最佳传球球员接大多数球？教练应设计接发球阵式，让最佳的传球球员
  位于球场的中间，让其尽可能接更多的球。教练应根据在训练中记录的传球数据决定最
  佳的传球球员，而且随着时间的推移，教练很容易知道谁是团队里的最佳传球球员。如
  果球被成功传给二传手，这将加强团队的进攻能力，因为二传手可以在最恰当的时机将
  球传给最佳进攻球员。

- 谁能够改变接发球阵式？教练、二传手或者自由人能够引导球队改变接发球阵式。教练

应确保在练习中对此进行演练，而且要让球员了解改变的原因。此外，所有球员都必须充分了解每次轮换位置时的每种可能的接发球阵式。

○ 应对接发球存在问题的球员采取什么策略？确保该球员马上关注下一个发球，并传好球。他不应该考虑刚才发生的事情，而应考虑将要发生的事情以及传球的关键技术点。

决策制订指导原则

轮到己方球队接发球时，要想确定获得优势的最佳方式，教练和球员就一定要考虑上述信息。此外，教练和球员还要考虑以下指导原则。

○ 接发球阵式要保持简单。传球球员越少，误解和决定就越少，而且更加重要的是，这些传球球员能够练习更多的接发球。

○ 最接近对方发球球员的传球球员负责短距离的传球缝隙，而距离对方发球球员最远的传球球员负责长距离的传球缝隙。在每次接发球前，所有参与接发球的球员之间需要进行讨论，而且在平时需要花时间结队练习或者3人一组练习，以准备好保护接发球阵式中的缝隙。

○ 球员在每次接发球前要环顾四周，看看在球可能出界前需要多少步才能到达底线或边线。

○ 如果球高于肩膀且速度不是特别快，球员可以进行头上传球。球员的初始位置可能比较接近球网，如果此时不能向前移动并传球，球员可以快速转换到扣球角色。

○ 发球时球可能触网后再落入己方场地，这是合规的。前排球员应准备好应对这种情况。

○ 球员要就球是否出界尽快做出判定，并以喊"内"或"外"的方式通知队友，让他们能够决定传球还是让球出界。应尽量由不参加传球的球员喊该口号，因为他们能够更清楚地判断球场上的情况和球的飞行轨迹。

○ 在接发球时，球员要争取将球传给距离球网1.5米的目标，而且要刚好位于球场中心偏右处。这给传球失误留下了余地，且能避免将球传过网。

○ 球员在球场上的布局要合理，如果他们擅长传短球，那么在球场中要能够向前对付长球；如果他们擅长传长球，那么在球场中要能够向后对付短球。

○ 传短球可能充满挑战，因为双臂的触球角度可能比较水平，这可能不会让球向前飞那么远。教练可让球员沿着前排的每个号位练习传短球，并能在传球后发起进攻。

○ 不参与传球的球员要告诉队友球是否出界，而且要做好支援前方传球球员的准备。

成功的进攻球员能够在球场上的不同位置
将传球扣到不同的位置。他可以根据特
定情况的需要使用不同的速度扣球，例如重球、
轻球、旋转球或轻拨球。此外，他还可以控制
球的飞行轨迹以及球的方向，例如直线落下、
斜线落下或落在对方拦网球员之间的缝隙中。

⚠ 小心！

以下情形可能会让球员分心。

○ 在开始进攻前将球传给二传手。
○ 前面有高个子的拦网球员。
○ 二传手传球糟糕。
○ 球过早地被对方的拦网球员拦住。
○ 球从后排传来。

学习所需的知识

进行多样化进攻时，教练和球员必须了解以
下事项。

规则

在进行多样化进攻时，球员必须了解以下几条主要规则。

○ 关于扣球犯规的规则。
○ 关于接触到拦网球员的球的规则。
○ 关于触网的规则。
○ 关于接触到中线的规则。
○ （如果从后排进攻），关于进攻线的规则。
○ 关于自由人将球传给前排进攻球员的规则。

对方的强项和弱项

教练和球员必须考虑对方的强项和弱项，了解进行多样化进攻时如何获得最大的优
势。球员具体应考虑以下事项。

○ 对方采用什么类型的拦网体系？如果对方的拦网球员聚在一起，那么传球需要位于标志
杆外侧。如果对方的拦网球员是分散的，那么传球可能需要位于标志杆内侧。

○ 对方采用什么类型的团队防守体系？了解这点能够帮助进攻球员找到球场上的空当处和
决定从什么位置扣球。

○ 对方的后排防守球员能否快速移动救起轻拨球或者朝向球场中间的慢速扣球？如果对方
的后排防守球员位置比较靠后且移动不便，那么进攻球员应从对方的拦网球员上方吊一

判读形势

球员在多样化进攻时如何获得最大优
势？你应教会球员下列事项。

● 知道对方拦网球员的初始位置以及
他们是否打算移动。
● 了解对方拦网球员的手在空中的位
置。
● 寻找对方拦网球员间的缝隙。
● 知道对方的其他防守球员的位置。
● 倾听对方关于拦网或防守阵式的
口号。

记住！

你和球员必须了解团队策略和比
赛计划，并根据这些计划和当前
情形评估多样化进攻战术。确保
你和球员考虑到了第140页提出
的问题。

个轻拨球，或者向球场上的空当处扣一个慢速球。

○ 对方的中位拦网球员是让内侧手越过球网上方，还是以锐角张开？如果对方的中位拦网球员的手没有越过球网，那么进攻球员应向他的内侧手方向扣斜线球。

○ 对方的防守体系阻拦的是直线球还是斜线球？从进攻球员后方上来掩护进攻球员的球员应该喊出可以扣直线球还是斜线球。

自我认识

除了要知道对方的强项和弱项，你和你的球员也要了解自己团队的能力。就多样化进攻而言，教练和球员应该知道以下事项。

○ 球员能够扣什么类型的球？教练应在训练过程中花时间提高球员的挥臂速度和锻炼球员向对方球场上的不同目标球员扣球的能力。经常让进攻球员在有人拦网的情况下进行训练，并扣传过来后垫起的球，这样进攻球员就能经历到实际比赛中的场景，例如传球不佳、传球过近以及垫球位于标志杆外侧等。一些球员可能不能够准确地扣直线球或者斜线球。

○ 队员是否沟通顺畅？队员在比赛期间需要进行口头交流，给进攻球员提示向空当处扣球。此外，掩护进攻球员的球员要将自己发现的对方拦网球员或后排防守球员的任何弱点告诉进攻球员。

○ 进攻球员能否在对方单人拦网的情况下得分？二传手要尽力而为，确保进攻球员可以仅针对单个拦网球员进行扣球。之后能否扣球得分就交给进攻球员了。

○ 进攻球员在扣球失误后能否将注意力转移到下一次扣球？进攻球员在球被拦或者球出界后要有足够的信心迎接下一个扣球。

看一看

以下小节提供了关于多样化进攻的其他信息。

技能	页码
前排进攻	88
后排进攻	93
快速进攻	97
背飞	102
拦网	108
救球	114
疾跑救球	118
翻滚救球	129
趴地救球	133
单手前扑救球	136

决策制订指导原则

在进行多样化进攻时，要想确定获得优势的最佳方式，教练和球员就一定要考虑上述信息。此外，教练和球员还要考虑以下指导原则。

○ 在垫球合适时采用多种扣球方法。扣球不一定要重，只要角度刁钻，能过网并落在无人防守区域的轻拨球也很有效，尤其是垫球很好时，因为此时对手认为进攻球员会扣重球。

○ 在扣重球得分后给对手来个慢速扣球。对方的防守球员通常会准备好接重球，而慢速扣球可能会出其不意地得分。进攻球员连扣几个重球后，可通过定期变换扣球方法让防守方难以猜测其接下来会扣什么样的球。

○ 如果对方在中间加入第二个拦网球员来阻拦己方的进攻，那么中位进攻球员可以通过轻拨球将球吊到该拦网球员刚离开的位置。许多情况下，当外侧拦网球员移动到内侧进行拦网时，他后方的防守球员会忘记向前移动保护该空缺区域，因此己方球员可以向该位置吊个轻拨球。

○ 要想有效使用慢速扣球或轻拨球，进攻球员必须先通过扣重球得分。训练环境越接近比赛环境，那么比赛时球员就越能在必要时变换进攻方法。

○ 进攻球员面前有两个拦网球员并不意味着他们就能拦住球。进攻球员可通过向他们扣球来看看球是否能够穿过防守或者从他们的手上弹开，测试其拦网能力是否牢靠。

进攻变化

进攻球员需要能够以一致的方式接近球，每次进攻时都让球位于相对于身体的相同位置。一旦能够做到这点而且能够扣重球，那么他接下来需要学习改变球的方向、速度和轨迹。这会提高球队得分的概率。

直线扣球

如果对方横跨球场拦网，那么进攻球员可能就要沿着边线扣球。此外，如果对方位于前方的拦网球员不如中位拦网球员强悍，进攻球员也可以采用直线扣球。在进行直线扣球时，进攻球员的拇指应向上或指向自己的身体，用手接触球的顶部。

斜线扣球或锐角扣球

如果对方呈一条直线进行拦网，那么进攻球员可能需要进行斜线扣球，或者沿着球网方向以锐角角度将球扣到对方的前排拦网球员身上。此外，如果对方的中位拦网球员能力较弱或者没有将手放在球网上方拦球，进攻球员也可以向这个方向扣球。在进行斜线扣球或锐角扣球时，进攻球员的拇指要朝向球场中间或远离身体。

向缝隙中扣球

如果进攻球员前面的两个拦网球员之间存在缝隙，那么他可以将球向缝隙中扣过去。如果对方的外侧拦网球员采用垂直阵式拦网，而且对方的中位拦网球员不能兼顾到外侧，那么就会留下缝隙。要想将球从缝隙中扣过去，进攻球员就要观察对方的拦网球员之间的缝隙在何处，然后拇指向上朝着缝隙的方向挥动手臂。

底角扣球

许多球队的底角防守能力都较弱。许多球员在防守时总会向前移动，从而暴露了球场后方。进攻球员要学会往该区域扣球，尤其是球到该位置的距离（12.8米）长于直线扣球距离（9米）时。要想将球扣到底角，进攻球员必须练习扣更高和更平的球，而且要控制球的上旋程度，让球能够深入到对方球场的后方。

慢速扣球

许多防守球员对进攻球员扣的重球严阵以待。进攻球员在扣了几个重球后，应该趁对方防守麻痹时改为扣慢速球。在进行慢速扣球时，进攻球员要采取和扣重球一样的接近步法，在即将接触球时要稍微放慢挥臂速度，而且要以上旋的方式多接触球的后部。在接触球后进攻球员要停止挥臂，且不执行任何随球动作。

轻拨球

如果进攻球员面前出现牢固的双人拦网阵式，他就需要将球从对方的拦网球员的手上方扣过去。此外，如果进攻球员已经连续扣了几个重球，那么他要做好改变扣球方法的准备，就和慢速扣球中一样。要想轻拨球，进攻球员就要采取和扣重球一样的接近步法，在即将接触球时稍微放慢挥臂速度，然后用张开的手指的指腹接触球。手和腕部要保持直挺，将球从对方拦网球员的上方拨过去。注意，改变球的方向可能会导致扣球犯规。在轻拨球时，进攻球员不可以擒抱、抛投或持球。在接触球后，进攻球员要停止挥臂，不执行任何随球动作。

（续）

进攻球员在接近球并准备扣球时，如果面前的拦网非常严密，封锁了球场的大部分区域，那么最有价值的战术就是打手出界，即进攻球员将球扣在对方拦网球员的手上后故意让球弹出到界外。进攻球员应用手的外侧扣球，让球弹起。球将从对方拦网球员的手上弹起，落在进攻球员这侧球场的界外，或者落在对方球场的边线外。进攻球员还可以让球从对方的拦网球员上方较高处飞过去，使球落到球场的后方，让对方的防守球员需要追逐才能将球救起。事实证明，这可能会给对方的防守球队带来巨大的挫折感，当传球非常接近球网并且进攻球员遭到猛烈的阻拦时，打手出界是非常好的选择。此时，对方的拦网球员对进攻球员已经无计可施，只能在最后的时刻将手放下，期盼进攻球员将球扣出界。

判读形势

球员在打手出界时如何获得最大优势？你应教会球员下列事项。

- 了解打手出界的最佳时机。
- 在腾空扣球时要看对方拦网球员的手。
- 知道球离球网、边线和对方外侧的拦网球员的手有多近。
- 对着墙练习这一专门的扣球技术，了解扣球的角度。

⚠️ **小心！**

以下情形可能会让球员分心。

○ 传球距离球网过近。

○ 进攻球员担心对方拦球后球会弹回到自己的脸上，因此不敢大力扣球。

○ 起步时距离球网过远，不能安全地扣球。

记住！

你和球员必须了解团队策略和比赛计划，并根据这些计划和当前情形评估打手出界战术。确保你和球员考虑到了第140页提出的问题。

学习所需的知识

教练和球员在进行打手出界时需要了解以下事项。

规则

在进行打手出界时，球员必须了解以下几条主要规则。

○ 关于触网的规则。

○ 关于球击中标志杆的规则。

○ 关于接触拦网球员的手的规则。

○ 关于接触中线的规则。

○ 关于球在球网上方的规则。

○ 关于界线判定责任的规则。

对方的强项和弱项

　　教练和球员必须考虑对方的强项和弱项，了解打手出界时如何获得最大的优势。球员具体应考虑以下事项。

○ 对方拦网球员的双手是否从球网上方越过？如果对方拦网球员的双手越过球网，进攻球员要接触稍微偏离球中心的位置，瞄准中垂线或者稍微偏离中垂线，让球刚好接触对方外侧拦网球员的手。

○ 对方最靠近边线的拦网球员的姿势是什么样的？如果对方最靠近边线的拦网球员的外侧手面向而不是背向进攻球员一侧的球场，那么进攻球员要以对方的拦网球员这只手的外侧为目标。球将从对方拦网球员的手上弹起并落到界外，因为这就是进攻球员扣球时挥手的方向。

○ 对方的后排防守的位置在哪里？如果对方的防守球员在球场上的位置比较靠前，那么进攻球员应扣高球并让球触碰到对方拦网球员的手，然后飞出界外。这时对方的拦网球员就不得不追逐球，试图将其救起。即使对方的后排防守球员位于球场上比较靠后的位置，他们大多数情况下都会跑到球场外去救球。进攻球员要将球朝该方向扣。如果球未能触碰到对方拦网球员的手，就可能直接飞出界外。

看一看

以下小节提供了关于打手出界的其他信息。

技能	页码
正面传球	63
背后传球	68
前排进攻	88
背飞	102
拦网	108
掩护进攻球员	121

自我认识

　　除了要知道对方的强项和弱项，你和你的球员也要了解自己团队的能力。就打手出界而言，教练和球员应该知道以下事项。

○ 球应被传到什么位置？球需要被传到与球网和对方拦网球员的手足够近的地方，让进攻球员能够瞄准对方拦网球员的外侧手，或者将球从对方拦网球员的上方扣下，让球落在对方球场后方。如果传球再靠后，进攻球员就不要强行进行打手出界。如果球被传到边线附近，进攻球员将球一抹就能使其弹出到边线之外。

○ 进攻球员能看到对方拦网球员的手吗？在训练期间，教练应让拦网球员戴上颜色鲜艳的手套，这样进攻球员就可以学习如何在接近球网扣球的过程中看清拦网球员的手。教练应让拦网球员的双手摆放在不同的位置，例如留一个洞、让防线出现空缺，以及移动双手让进攻球员将球打在手上并弹开。训练进攻球员观察对方拦网球员的手的另一种方法是，让其他球员站在球网的另一侧，举起2~4根泡沫游泳棒，模拟拦网球员或拦网球员的手臂和手。进攻球员要学习用余光看这些"拦网球员"并将球从其缝隙或周围扣过去，让球落入对方的球场中。

（续） **153**

决策制订指导原则

在进行打手出界进攻时，要想确定获得优势的最佳方式，教练和球员就一定要考虑上述信息。此外，教练和球员还要考虑以下指导原则。

○ 进攻球员首先要寻找机会扣重球，让球落到对方的球场中。但是如果对方在这些方面已经做好防守准备，那么进攻球员可以将球扣在对方拦网球员的手上。

○ 在打手出界后，进攻球员的手臂必须有正确的随球动作。在接触球后，进攻球员的手和腕部要转向球场的外侧或边线。

○ 掩护进攻球员的球员必须能够参照边线知道自己所在的位置。如果进攻球员将球扣在对方拦网球员的手上后，球弹了回来，那么掩护进攻球员的球员需要判断球是否会落到界外，如果是就让球自己落下。如果球将落到球场内，那么掩护进攻球员的球员就要将球救起到球场中间的进攻线附近。

○ 掩护进攻球员的球员要围在进攻球员周围，其中3个球员应上前接近进攻球员，而其他2个球员应在位于球场后方，确保球员在球场中的分布平衡。这会给进攻球员带来信心，因为他知道如果扣球被拦下，队友已经做好将球救起的准备。

○ 扣球被拦下后，进攻球员要做好离开球网的准备，以及做好再次扣球或者掩护另一个进攻球员的准备。

二传快球

团队接发球和向球场中间附近的目标准确传球能够增加二传手传快球的机会。由于大部分快球都是传给球网附近的进攻球员的，因此传球的准确性非常重要。如前所述，好的传球意味着是二传手而不是另一个球员可以传球。传球的高度取决于进攻球员的跳跃能力，但是快传球的高度要恰好是进攻球员能够轻易跳起的高度。

⚠ 小心！

以下情形可能会让球员分心。

- ○ 对方的中位拦网球员个头很高。
- ○ 己方的接发球情况很差。
- ○ 前一个扣球被拦下。
- ○ 二传手经验不足。
- ○ 传球忽高忽低。

判读形势

球员在二传快球时如何获得最大优势？你应教会球员下列事项。

- 了解二传手的传球范围以及将要快传给中位进攻球员的球的类型。
- 关注球网另一侧拦网球员的位置。
- 要知道从球场中间扣快传球的频率越高，对方的中位拦网球员就越容易分心，而且己方的外侧进攻球员将有更多的机会将球从空当处扣过去。这种战术称为隔离进攻球员，或者创造一对一的进攻机会。

学习所需的知识

教练和球员在进行二传快球时需要了解以下事项。

规则

在二传快球时，球员必须了解以下几条主要规则。

- ○ 关于触网的规则。
- ○ 关于接触中线的规则。
- ○ 关于触球犯规的规则。
- ○ 关于重叠的规则。
- ○ 关于后排二传手跳起将球传到球网平面上的规则。

记住！

你和球员必须了解团队策略和比赛计划，并根据这些计划和当前情形评估二传快球战术。确保你和球员考虑到了第140页提出的问题。

对方的强项和弱项

教练和球员必须考虑对方的强项和弱项，了解二传快球时如何获得最大的优势。球员具体应考虑以下事项。

- ○ 对方拦网球员在球场上处于什么位置？如果对方的拦网球员在开始时聚拢在球场的中间附近，二传手就不要在球场中间进行快传球，因为此时进攻球员的扣球很容易被拦。二传手要试图将球传给面前只有一个拦网球员的进攻球员。如果对方的拦网球员分散在球场上，二传手可以寻找机会在球场中间进行快传球，最好让进攻球员仅面对一个拦网球员扣球。进攻球员对付一个拦网球员时容易得分，因为一个拦网球员能够顾及的范围有限。

看一看

以下小节提供了关于二传快球的其他信息。

技能	页码
正面传球	63
背后传球	68
侧面传球	72
跳起传球	76
单手传球	80
前臂垫球	84
前排进攻	88
后排进攻	93
快速进攻	97
判读进攻球员	165
防守快速进攻	183

○ 对方所有拦网球员对形势的判读如何？如果对方的中位拦网球员能够很好地关注到二传手，并能够觉察到二传手的姿势差异，那么二传手就需要接受更多训练，让每种中位传球姿势看起来都一样。如果二传手向中间传球时姿势看起来有所不同，那么对方的中位拦网球员将进攻球员的扣球拦下的概率就会提高。

○ 对方后排左边和右边防守球员的基础位置是什么？二传手通过研究对方后排防守球员的基础位置，了解进攻球员将要面对1个、2个还是3个拦网球员。进攻球员需要能够在这些拦网球员周围扣球，或者将球轻拨到对方球场上的空当处。

○ 对方的中位拦网球员是否随着中位进攻球员跳起拦网？如果中位进攻球员能够跟随传球跑向二传手的方向，而且在二传手接到球前跳起在空中，那么他将有更多的机会在对方的中位拦网球员跳起前扣球。这需要二传手和进攻球员在时机上完美配合，不过这并不困难。

自我认识

除了要知道对方的强项和弱项，你和你的球员也要了解自己团队的能力。就二传快球而言，教练和球员应该知道以下事项。

○ 己方球队的接发球水平怎么样？教练可通过3分评分系统来评估球员，越接近3分的二传手传快球的能力越好（争取球队的平均分达到2.4分以上）。完美的传球指能够提供各种垫球选择，因此得3分；如果传球仅能让二传手将球垫给其他两个进攻球员（而不是给中位进攻球员垫快球），那么得2分；如果二传手必须上前踏步去垫传来的球，这种传球只得1分；如果球队被对方发球得分，那么得0分。用总分除以尝试传球的次数之和即可得到用于评估球员或球队接发球水平的平均分。

○ 中位进攻球员是不是时刻准备好扣快传球？中位进攻球员要凌厉地接近球，而且在跳起时应将手臂和手高举在空中，让二传手有信心给他传快球，这一点非常重要。二传手知道中位进攻球员已经准备好扣球，就更可能将球传给他。如果中位进攻球员过晚接近球，二传手就不能将球准确地传给他，而且还需要考虑将球传多高。中位进攻球员应用前臂和腕部快速用力地扣球，让球落入对方球场。

○ 二传手能够准确地进行跳起传球吗？如果二传手能够跳起快传，那么就能加快己方的进攻节奏，给对方的拦网球员留下更少的反应时间，让他们在扣球前很难将手举起在球网上方。

○ 二传手能够将球快传到进攻球员的左肩或右肩吗？如果可以，进攻球员就能在对方的中位拦网球员周围扣球。如果进攻球员惯用右手且试图将球扣向右边（瞄准对方拦网球员的左后方），那么二传手要能够将球传到进攻球员的右肩前方。如果进攻球员想要扣减弱的球，此时他的挥臂方向要发生偏移，将球扣向左边（瞄准对方拦网球员的右后方），那么二传手要能够将球传到进攻球员的左肩前方。进攻球员可以在扣球前暗示二传手要将球传向什么地方，而二传手就按照进攻球员的意图将球传到恰当的位置，增加进攻球员扣球得分的机会。

○ 二传手在转变角色的过程中传快球是否足够敏捷和迅速？如果球队正在开展连续进攻（二传手从后排加入进来），二传手必须能够在后排守好自己的位置，然后在球网附近传救起的球。他还可能需要在前排拦网，然后转身进入正确的位置，传在防守中救起的球。

○ 二传手理解比赛的流程吗？二传手需要知道在各种情况下将球传给哪个进攻球员，将球传到场中没有那么拥堵的区域，沿着球网传进攻性的球，以及在有机会时给中位进攻球员传快球。

○ 二传手能否通过提前传中位球来威慑对手？教练应在球队中确立一个强大的中位进攻球员并让其在比赛中提前发起进攻，从而使对方的中位拦网球员不得不关注该中位进攻球员，无法及时抽身去帮助阻拦己方外侧的进攻球员。

决策制订指导原则

在二传快球时，要想确定获得优势的最佳方式，教练和球员就一定要考虑上述信息。此外，教练和球员还要考虑以下指导原则。

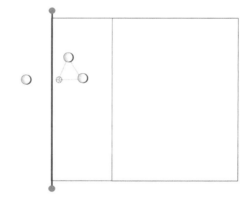

图5.1　**进攻球员、二传手和球形成一个三角形**

○ 如果己方球队无法准确地接发球或者二传手的经验不足，那么不要尝试二传快球。教练不要让球员执行其不擅长的技术，避免失分。记住，球员应当仅执行技术上可行的战术。

○ 中位进攻球员需要比他的二传手距离球网更远，以免阻碍到二传手，或使球碰到球网，而且能够让对方的拦网球员处在其视线中。这种做法被称为让进攻球员、二传手和球形成一个三角形（参见图5.1）。

○ 如果中位进攻球员的前方只有一个拦网球员，那么二传手应将球传给他。优秀的中位进攻球员在面对一个拦网球员时要能够扣球得分。

○ 任何球员都可以扣快传球。右侧的球员可以绕过二传手进入球场的中间去扣快传球。中位进攻球员能够接近球去扣各种更高的传球。左侧的球员可以进入球场内侧去扣比较低的快传球。

○ 中位进攻球员应一致地从前排跳起，做准备扣快传球的动作，即使他可能只是吸引对方中位拦网球员的注意力的诱饵，以让对方的中位拦网球员无法移动到外侧去帮助拦网。

（续）　**157**

每一次传球和救球都应该让球飞向球场进攻线内侧中间的右边，这样二传手就可以将球垫起给进攻球员。如果二传手是前排球员，他还可以在第二次触球时扣球过网（尤其是惯用左手的二传手），或者先装作要垫球并在最后一刻把球轻扣过去。

⚠ 小心！

以下情形可能会让球员分心。

○ 高个的中位或左侧拦网球员。
○ 裁判吹哨判触球犯规。
○ 二传手跳起传球不准确。
○ 传球距离球网或二传手过远，二传手试图在第二次触球时将球推过网。
○ 对方二传手轻扣球。

学习所需的知识

教练和球员在扣二次球时需要了解以下事项。

规则

在扣二次球时，球员必须了解以下几条主要规则。

○ 关于触网的规则。
○ 关于接触中线的规则。
○ 关于触球犯规的规则。
○ 关于重叠以及跳起扣二次球的球员必须是前排球员的规则。
○ 关于球在球网上方时后排进攻违规的规则。
○ 关于球接触拦网球员的规则。

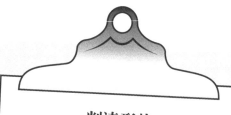

判读形势

球员在扣二次球时如何获得最大优势？你应教会球员下列事项。

● 观察对方的左侧拦网球员和中位拦网球员是不是没有注意到己方二传手的跳起传球。

● 观察对方是不是没有发现己方二传手是前排球员。

● 知道惯用左手的二传手在扣二次球时有巨大的优势。

● 观察对方左后排和右后排的球员，看看他们是否等着二传手扣二次球。

● 了解比赛的节奏，知道何时适合轻扣球。

记住！

你和球员必须了解团队策略和比赛计划，并根据这些计划和当前情形评估扣二次球战术。确保你和球员考虑到了第140页提出的问题。

对方的强项和弱项

教练和球员必须考虑对方的强项和弱项，了解扣二次球时如何获得最大的优势。球员具体应考虑以下事项。

- 对方球队的拦网策略是什么？如果对方的拦网球员聚拢在球场中间（在二传手的视线前方），那么轻扣球要越过二传手和球网落在对方球场左前角落靠近球网处（4号位）。如果对方的左侧拦网球员位于二传手后方，那么轻扣球要瞄准对方球场的中间（3号位）。（参见图3.40，了解号位划分）。

- 对方拦网球员的水平如何？如果对方拦网球员的水平很高，他可能会快速将双手伸过球网拦截可能发生的中位进攻，然后再次将手伸过球网拦截二传手的轻扣球。如果对方拦网球员的水平一般，他们很可能双脚站在地面上并高举双手，做好准备在二传手或进攻球员扣球时跳起。

- 球队球员的责任是如何划分的？许多球队会让拦网球员集中精力阻止对方中间的进攻球员或向右侧平移的进攻球员，而让后排球员负责救起二传手的轻扣球或第二次接触时扣球。

看一看

以下小节提供了关于扣二次球的其他信息。

技能	页码
正面传球	63
背后传球	68
侧面传球	72
跳起传球	76
单手传球	80
背飞	102
拦网	108
救球	114
打手出界	152
判读进攻球员	165
防守背飞	168
防守快速进攻	183

自我认识

除了要知道对方的强项和弱项，你和你的球员也要了解自己团队的能力。就扣二次球而言，教练和球员应该知道以下事项。

- 二传手的意图伪装得如何？如果二传手能够让对方的拦网球员相信他将垫球，并在最后一刻将球扣在对方的球场中，那么只要有机会就可以这么做。在观察对方球队和己方球队的球员的能力时，教练可能会注意到有些二传手仅在特定场合扣球或者频繁扣球，出其不意地得分。此外，教练还要注意每次都倾向于结束拉锯战的二传手，他们会通过控制球或在第二次触球时扣球来打破局面。一些二传手通过仅举起一只手起跳，便能将自己的意图隐藏起来。

- 二传手的技术水平如何？二传手必须足够高，仅够到球网上方还不行，在跳起时其手要能够位于球的上方将球扣入对方的球场中。如果二传手能够跳得很高或者身高足够高，他应该总是发起攻势，张开手让指腹接触球的顶部，快速将球向下拍到对方场地上。二传手要小心不要伤到手腕或改变球的方向。如果改变了球的方向，二传手可能被判触球犯规或抛球。

- 二传手将球扣到对方球场上的不同区域的能力如何？二传手应该具备将球扣到对方球场上的不同位置的能力。二传手最可能的扣球位置是对方的3号位和4号位，具体取决于对方前面的拦网球员的位置。此外，二传手还应该学会将球扣到对方球场的左后角落（5号位），因为对方的防守球员认为球会落在他们的面前，进而向前冲时会导致左后角

（续）

落空虚（参见图3.40，了解号位划分）。

○ 二传手惯用左手吗？惯用左手的二传手是非常具有杀伤力的，因为如前所述，他可以保持球在左肩的前方，进而传球或挥手扣球。此时，他对对方的拦网球员和防线有非常好的视野，能够看清楚空当区域。

○ 二传手能够准确地跳起传球吗？如果二传手的跳起传球很准确，那么他要尽量跳起传球。这能加快进攻速度，因为球停留在空中的时间更短意味着对方的拦网球员和其他防守球员的反应时间更少，且二传手拥有扣球优势，因为他已经跳起在空中了。

决策制订指导原则

在扣二次球时，要想确定获得优势的最佳方式，教练和球员就一定要考虑上述信息。此外，教练和球员还要考虑以下指导原则。

○ 球员仅在有把握得分时才扣球，而不是仅仅将球扣过网。扣球应该作为得分的进攻性技术。

○ 能够清楚地看到对方球场的后排球员应该与二传手进行沟通，让他知道什么地方出现空缺以及对方的拦网球员在什么位置。

○ 防守球员向内移动时，二传手应该让右手最靠近球网，将球扣向对方边线或防守球员的后方。

○ 如果二传手在前排，扣球是进攻性选择之一。如果二传手从不扣球，那么3个拦网球员将重点防守其他2个进攻球员。

○ 二传手不应在对方的二传手扣球后马上扣球。但在许多情况下，二传手会出于技术惯性忍不住这么做。

○ 如果二传手前面的对方的左侧拦网球员注意不到他或是能力较弱的拦网球员，那么二传手要利用该机会将球扣在该拦网球员的手上，让球从边线弹出界外。

第 6 章

防守战术技能

本章讨论球员要想获得成功就必须掌握的防守战术技能，具体如下所示。

防守战术技能	页码
团队布局防守	162
判读进攻球员	165
防守背飞	168
决定拦网策略	171
防守后排进攻	174
接高球	177
使用自由人	180
防守快速进攻	183
追逐救球	187
防守二传手的轻扣或进攻	190

进行防守时，不管采用什么样的防守体系，所有球员都应位于球场上的正确位置，这样球队才能获得成功。如果球员位于正确的位置，这意味着球员在球场上的分布是平衡的，从而能够增加球员接触球的机会。球员若知道其应站在球场上的什么位置以及为什么站在该位置，每次出现机会时其都能抓住，从而能将球拦回对方的场地或者将球救起并快速进入防守位置。

⚠ 小心!

以下情形可能会让球员分心。

- 站在自己不习惯的位置上。
- 不理解团队防守的概念。
- 被对方强大的进攻球员或对方球队吓到。
- 球员位置发生重叠，导致抢球。
- 在将球救起后害怕摔倒在地面上。
- 不去接球，因为害怕可能与队友发生碰撞。

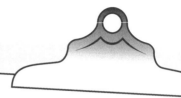

判读形势

球员在进行团队布局防守时如何获得最大优势? 你能教会球员下列事项。

- 处于基础姿势，以便能在3步之内移动并接到任何在特定区域内的球。
- 将最佳的防守球员安排在球最常落下的位置。
- 在调整身体接球时在同一平面上移动（保持头部水平），这会节省时间并保持视线准确。
- 确保球员能够通过余光看到队友，同时能够面向防守位置，从而知道自己相对于其他队友在球场上的位置。

学习所需的知识

在进行团队布局防守时，教练和球员必须了解以下事项。

规则

在进行团队布局防守时，球员必须了解以下几条主要规则。

记住!

你和球员必须了解团队策略和比赛计划，并根据这些计划和当前情形评估团队布局防守战术。确保你和球员考虑到了第140页提出的问题。

- 关于第一次触球的规则。
- 关于位置重叠的规则。
- 关于掩护发球球员的规则。
- 关于触球犯规的规则。
- 关于球出界的规则。
- 关于同时接触球的规则。
- 关于自由人给进攻球员传球的规则。
- 关于触网的规则。
- 关于中线的规则。

○ 关于标志杆的规则。

○ 关于后排进攻的规则。

对方的强项和弱项

教练和球员必须考虑对方的强项和弱项，了解进行团队布局防守时如何获得最大的优势。球员具体应考虑以下事项。

○ 对方的进攻球员是否暴露了自己的意图？如果对方的进攻球员倾向于看将要击球的方向，那么球员可以根据对方的进攻球员的目光确定扣球的方向，然后移动到该区域准备拦网或救球。

○ 对方的进攻球员通常将球扣在球场上的什么区域？大部分进攻球员通常习惯于将球扣到球场上的特定区域。在大多数比赛中，进攻球员通常将大部分球斜扣穿越球场，因此球员要重点防守斜线扣球，但也要注意对方的进攻球员可能会连贯地进行直线扣球。球员应跟踪了解对

方的进攻球员通常将球扣在什么位置，然后在这些位置部署拦网或救球。

○ 对方的进攻球员是否仅扣一种类型的垫球，或者仅从球网的一个位置上扣球？可能对方的外侧进攻球员只能扣高球，或者对方的中位进攻球员只能扣二传的快传球，而永远不会到其他进攻球员的背后进行背飞扣球。

○ 对方的二传手通常将球传给哪个进攻球员？大部分二传手在轮到自己传球时，不管什么情况，都喜欢将球传给自己喜欢的进攻球员。双方的比分越接近，二传手就越倾向于将球传给自己习惯和信任的进攻球员。

自我认识

除了要知道对方的强项和弱项，你和你的球员也要了解自己团队的能力。就团队布局防守而言，教练和球员应该知道以下事项。

○ 己方球员对形势的判读能力如何？教练要尽可能让他们在类似于比赛的场合中进行训练，这样他们就能够模仿在比赛环境中在对方的进攻球员面前进行拦网和救球。教练应帮助球员学会观察场上情况，然后根据场上情况进入恰当位置，从而成功地应付从球网上方飞过来的球。

○ 球员在防守时的移动速度怎么样？教练应花一些时间训练球员进入预备姿势、判读对方的进攻球员、快速移动到认为将要扣球的位置，以及停下来准备接飞过来的球的能力。球员在将球救起后，要向球的方向倾斜，并在网前向目标区域踏步。在进行防守时，球员应该总是保持头部位于脚的前面，而且在进行防守时一般不要向后退。相反，如前所述，防守球员应该向前移动，为进攻球员提供保护。

看一看

以下小节提供了关于团队布局防守的其他信息。

技能	页码
打手出界	152
二传快球	155
判读进攻球员	165
防守背飞	168
决定拦网策略	171
防守后排进攻	174
接高球	177
使用自由人	180
防守快速攻击	183
追逐救球	187
防守二传手的轻扣或进攻	190

（续）

○ 是不是所有球员都知道在每个位置的
追球角度？球员应该能够在120度角的
范围内朝任意方向移动救球（参见图
6.1）。球员不要期望有效地掩护180度
角范围内的球，而且同时又要做好向
左或向右移动的准备。最靠近球的球
员要跑在前面试图接球或救球，而距

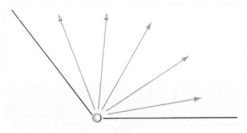

图6.1　球员的防守责任区域

离球过来的位置最远的球员要跟在后
面。这是保护两个防守球员之间的缝隙的好办法。教练应将球员部署在各自的位置上以
应对对方的进攻，并让球员了解各自的防守范围。

○ 防守球员能够清楚地看到队友吗？防守球员在防守位置上要能够看到队友，或者至少要
知道队友在哪里。如果防守球员看不到队友或者不知道队友在球场上的位置，就不能够
正确地将打到防守球员之间的缝隙中的球救起。

决策制订指导原则

在团队布局防守时，要想确定获得优势的最佳方式，教练和球员就一定要考虑上述信
息。此外，教练和球员还要考虑以下指导原则。

○ 从球场的一角沿着对角线到球场的另一角的长度为12.8米。球员要在球场上平衡部署，
让后方横向球员保证后方角落受到保护。该球员还应该让其余队友处于自己的视线中，
而且在球落在角落前尽量有其他队友接球，因为球将经过所有其他球员。许多进攻球员
处于困境中时都倾向于将球扣到对方球场的后角。

○ 研究对方对自己的球队有好处，尤其是对队内的进攻球员而言。教练应通过观看视频
或者在热身期间研究对方，确定他们最可能在什么位置扣球。教练甚至可以保存一张
关于对方进攻情况的图表，从而在比赛期间了解对方在每次轮换位置后会由哪个进攻
球员扣球，然后以此为依据去设计防守策略。

○ 球员需要知道自己在球场中相对于边线和底线的位置，这能够帮助他们放过即将出界的
球，让球落到界外。球员应该站在紧挨着球场界线的内侧，任何飞过来的球只要高于手
腕就会出界，除非队友拦网时触了。

○ 球员开始时要处于基础的防守姿势。前排的拦网球员应该位于估计会向自己所在的区域
扣球的对方进攻球员的前方。后排球员应该保持己方球场的平衡，因此中位后排球员应
位于球场中间比较靠后的位置（或者向前占据进攻线）；左右侧的后排球员应该面向球
场中间，距离球网4.6米、距离边线2.1米。如果中位后排球员站在进攻线（三米线）
上，那么左右侧的后排球员应该距离球网6.1米。

成 为成功的防守球员尤其是强大的拦网球员的关键是判读对方进攻球员的意图，从而估计扣球的方式以及球将落在何处。这让防守球员能够开展扣人心弦的救球。这种能力需要防守球员在比赛前训练出来，以便增加成功的机会。球员的经验越丰富且训练环境越接近比赛场景，那么球员对进攻球员如何处理球的预判就越准确。

⚠ 小心！

以下情形可能会让球员分心。

- 被对方强大的进攻球员吓到。
- 先观察空中的球，而不是先观察对方的二传手再观察对方的进攻球员。
- 对方的二传手能够伪装将要垫球的方向。
- 对方佯攻的进攻球员具备向各个方向扣各种球的能力。
- 对方的二传手跳起传球。
- 对方有惯用左手的二传手。
- 对方的接球球员能够将发球准确传给二传手。

学习所需的知识

判读进攻球员时，教练和球员需要了解以下事项。

规则

判读进攻球员时，球员必须了解以下几条主要规则。

- 关于位置重叠的规则。
- 关于触网犯规的规则。
- 关于中线犯规的规则。
- 关于触球犯规的规则。
- 关于球接触标志杆或越过标志杆外侧的规则。
- 关于后排进攻的规则。

判读形势

球员在判读进攻球员时如何获得最大优势？你应教会球员下列事项。

- 知道对方前排有什么球员。
- 在对方垫球后看球一眼，了解球将要飞向何方以及球距离球网有多近。
- 知道进攻球员接近球的方向和扣球方向是一致的。
- 观察进攻球员的躯干、肩膀、手臂和目光的方向，获取关于进攻方向和进攻速度的线索。

记住！

你和球员必须了解团队策略和比赛计划，并根据这些计划和当前情形评估、判读进攻球员。确保你和球员考到了第140页提出的问题。

对方的强项和弱项

　　教练和球员必须考虑对方的强项和弱项，了解在判读进攻球员时如何获得最大的优势。球员具体应考虑以下事项。

○ 对方的进攻球员是如何挥动手臂的？如果对方的进攻球员挥动手臂的速度放慢或者肘部降低，那么他很可能会进行慢速扣球，而且球可能落在己方球场中间或者边线或底线附近。如果他的挥臂速度很快而且肘部很高，拦网球员需要跳起将双手更快地放在球网上方。

○ 如何才能识别对方的进攻球员是否打算轻拨球？如果对方的进攻球员被拦网多次或者没有全速接近发起进攻，这通常是其将要轻拨球的信号。在这种情况下，球员就要就位准备追轻拨过来的球，将球救向目标区域。

○ 对方的进攻球员接触球时手的位置是什么样的？如果对方的进攻球员的击球手打开且朝上，这可能意味着对方的进攻球将要轻拨球，因此拦网球员在看到对方的进攻球员张开手掌时必须尽快和队友交流该信息。后排防守球员必须关注球的动向，并做好准备向前移动将球救起，因为轻拨球可能会落到球场后方。后排防守球员可能需要准备好进行头顶救球后，再通过头顶传球将球传给目标球员。

○ 以对方的进攻球员的击球侧肩膀为参考，球将从何处落下？如果球从对方的进攻球员的肩膀前方落下，那么他很可能向前直线扣球。如果球落在其内侧肩膀方向或者其接近球的时机过晚，他可能斜线扣球或者向球场后方界线外轻拨球。

○ 球被传到什么位置？传过来的球距离球网越远，对方的进攻球员用更大的力气扣球的机会越少。此时球员要留心慢速扣球、轻拨球甚至是高球。传球距离外侧标志杆越远，那么球场中留给对方的进攻球员扣球的余地就越少，因为球必须在标志杆内侧斜着穿过球网。拦网球员和后排防守球员应该切换到内侧，确保处于球将落下的区域并能够看到从标志杆内侧穿过来的球。

自我认识

　　除了要知道对方的强项和弱项，你和你的球员也要了解自己团队的能力。就判读进攻球员而言，教练和球员应该知道以下事项。

○ 球员是否处于救球或拦网姿势？在防守和判读进攻球员时，球员开始时必须处于正确的基础姿势，以便在3步之内能够进入各自负责的区域去救球。

○ 拦网球员打算占据球场的什么区域？前排拦网球员和后排球员之间要有良好的协调。根据球队的防守策略，救球球员可能需要准备去救拦网球员未保护到的区域的球。

○ 如果防守出现空当怎么办？后排防守球员需要注意到这一情况，如果空当太大要指挥队友补防。他们还需要知道传球距离球网有多远，以决定是否上前一步去救接近球网的球。

○ 对方的进攻球员是否失去平衡或者扣球的位置不利？对方的进攻球员有时在接近球的过程中会出现失误。这可能是传球不佳引起的，或者对方的进攻球员对时机把握不佳，或者对方队员之间关于由谁扣球的交流不顺畅。防守球员应该观察到这种情况并准备移动到球场的更后方。如果对方的进攻球员失去平衡，他将不能有力地将球扣下。

决策制订指导原则

判读进攻球员时，要想确定获得优势的最佳方式，你和你的球员就一定要考虑上述信息。此外，教练和球员还要考虑以下指导原则。

○ 知道对方的进攻球员惯用左手还是惯用右手。这会对拦网球员产生影响，以便拦网球员知道起跳拦截对方的进攻球员时哪侧的肩膀应位于前面。

○ 知道对方的进攻球员的喜好。进攻球员有自己喜欢的扣球类型，因此防守球员应该观察对方的每个进攻球员准备扣球时表现出来的细微差别，如轻拨球、扣直线球和扣斜线底角球时。

○ 拦网球员和后排球员应尽快就自己所观察到的情况进行交流。球员要彼此提醒对方前排的进攻球员是谁、二传手是否在前排、二传手是向前还是向后传球、进攻球员最后一次扣球的位置，以及任何其他信息，以帮助队员在比赛中处于最佳的位置。

○ 球员应关注对方球队的热身运动，通过细节观察他们进攻时可能做的事情，并重点研究对方的二传手和进攻球员。

○ 球员应了解排球运动中的角度。例如，如果传球在标志杆外侧，那么进攻球员就不得不试图在两根标志杆之间斜向扣球，使得防守方通过缩小防守区域来获得优势。

看一看

以下小节提供了关于判读进攻球员的其他信息。

技能	页码
前排进攻	88
后排进攻	93
快速进攻	97
背飞	102
拦网	108
救球	114
多样化进攻	149
打手出界	152
二传快球	155
团队布局防守	162
防守背飞	168
决定拦网策略	171
防守后排进攻	174
防守快速进攻	183
防守二传手的轻扣或进攻	190

（续）

背飞是非常漂亮的进攻技术，因为另一方很难对其进行防守。在执行背飞技术时，进攻球员会移动到二传手的后方，而且传球的方向平行于球网。进攻球员将决定何时扣球，因为球没有落在特定的进攻点。球的移动轨迹越平，进攻球员就越可以在球飞行的任何时刻扣球。实际上，背飞进攻球员还可以选择稍微旋转身体进行直线扣球，或者稍微等待后在最后一刻转动身体进行斜线扣球，让球从对方后排拦网球员内侧经过，让对方的防守球员更加难以看清该意图。一些高水平的球队可能会让外侧进攻球员向对方球场中间的二传手扣背飞。但他必须小心，球的落点不能靠对方的二传手太近。

判读形势

球员在防守背飞时如何获得最大优势？你应教会球员下列事项。

- 能够发短球。
- 知道背飞进攻球员的偏好或强项，他扣最弱的球。
- 中位球员是经常扣背飞的球员，所以左侧拦网球员需要观察他何时开始进入二传手的后面，然后离开二传手进行扣球。中位拦网球员需要在对方的二传手扣球时拦住他。
- 一旦进攻球员越过球，那么他唯一的扣球方法就是斜扣。拦网球员可以不管拦网线，并移动到更靠近球场内部的地方。

⚠ 小心！

以下情形可能会让球员分心。

○ 对方的中位进攻球员在开始时成功扣下来自球场中间的快传球，将拦网球员吸引到该区域，使其没有观察到中位进攻球员或背飞进攻球员移动到了二传手后方。球队尝试先建立中位进攻，然后开始派中位进攻球员到后面去扣背飞球。

○ 对方的中位进攻球员伪装接近球的过程，而且可能移动到球场上的任意位置。

○ 当对方球队的右侧和中位进攻球员的路线发生交叉时，己方左侧和中位拦网球员会出现混乱，让进攻球员对接上，而他们伸手向外去拦网。

○ 对方外侧的拦网球员从侧边跳起，和进攻球员向前滑行，而背飞进攻球员回扣斜线球。

记住！

你和球员必须了解团队策略和比赛计划，并根据这些计划和当前情形评估防守背飞战术。确保你和球员考虑到了第140页提出的问题。

学习所需的知识

在防守背飞时，教练和球员必须了解以下事项。

规则

在防守背飞时，球员必须了解以下几条主要规则。

○ 关于位置重叠的规则。

○ 关于掩护发球球员的规则。

○ 关于伸手过网的规则。

○ 关于拦二传手的球的规则。

○ 关于后排二传手的规则。

○ 关于标志杆的规则。

○ 关于触网的规则。

○ 关于接触中线的规则。

对方的强项和弱项

　　教练和球员必须考虑对方的强项和弱项，了解防守背飞时如何获得最大的优势。球员应具体考虑以下事项。

○ 对方球队的哪个球员能够扣背飞？球员应在热身期间观察对方的扣球方法，看看对方的哪个球员能够有效地扣背飞以及倾向于在什么位置扣，并看看谁能单脚扣球。

○ 对方二传手传球的隐蔽性如何？球员应观察对方二传手的手和臀部的姿势，获取关于传球方向的线索。有时，当二传手打算向后传球时，他将在传球前向后倾斜身体。注意到二传手的该举动的拦网球员可以向该方向移动，并准备拦截对方的进攻球员。

○ 对方进攻球员的扣球方向伪装得如何？球员应在对方的进攻球员扣球时观察其脸部，因为进攻球员通常会看向将要扣球的方向。如果拦网球员看见对方的进攻球员的脸部向下，他很可能要向下扣球。拦网球员需要将手伸过网拦住那个区域。

○ 对方的背飞进攻球员要把球扣向哪里？如果背飞进攻球员跑在了传球的前面，那么他只能进行斜线扣球。如果背飞进攻球员倾向于让球保持在自己前方一定的距离，那么他更可能进行直线向下扣球。如果球与击球侧肩膀对齐，他可能扣打手出界球、直线向下球或斜线后场球。

○ 如果传球距离球网只有几步之遥，那么球员应做好准备退到球网后方而不是上前拦网。对方的背飞进攻球员很可能不能直线向下扣球，因此拦网球员可以离开球网做好防守准备。

自我认识

　　除了要知道对方的强项和弱项，你和你的球员也要了解自己团队的能力。就防守背飞而言，教练和球员应该知道以下事项。

○ 左侧拦网球员观察球场形势和队友的能力如何？左侧拦网球员必须观察对方的中位进攻球员，因为左后排和右后排救球球员主要负责二次触球时救起对方二传手的扣球。重要的是，左侧拦网球员要知道他主要负责拦截对方的背飞进攻球员而不是二传手。教练应训练拦网球员快速沿着球网方向移动，高举双手并且迅速将手伸过球网，这样才能拦住背飞进攻球员的扣球。如果拦网球员倾向于过多地关注球而不是对方球员，那么教练应在训练中让他们戴上棒球帽，以避免他们过长时间地抬头看球，使他们集中精力关注对

看一看

以下小节提供了关于防守背飞的其他信息。

技能	页码
打手出界	152
二传快球	155
判读进攻球员	165
决定拦网策略	171
防守后排进攻	174
接高球	177
使用自由人	180
防守快速进攻	183
追逐救球	187
防守二传手的轻扣或进攻	190

方的进攻球员。

○ 队友之间关于传球信息的沟通效率如何？所有球员都需要马上意识到传球或救球，然后喊"上""离"或"过"，让所有队友知道球是在球网上方、离球网有一定距离还是从球网上面过来。每种情形都需要球员采取不同的应对动作。

○ 拦网球员是否能够与后排防守球员很好地配合？拦网球员在拦网过程中必须与后排球员配合，以便堵住空缺和了解由谁负责哪个缝隙的防守。如果他们打算拦截对方的背飞进攻球员的内侧斜扣球，那么在他们后方的防守球员必须知道这一信息，然后保持在球场后方，如果球飞向那个方向则将球救起。

○ 如果对方的背飞进攻球员过快超越其前方的球员，你希望己方球员跳起拦网吗？确保球员知道你是否让他们上前拦网，然后看住球场的一部分，或者让球员知道你希望他们离开球网进行防守。

决策制订指导原则

防守背飞时，要想确定获得优势的最佳方式，教练和球员就一定要考虑上述信息。此外，教练和球员还要考虑以下指导原则。

○ 对手的传球距离球网越近，那么拦网球员就越要做好准备对付对方二传手后方的快攻或背飞，因为对方的二传手更可能将距离球网不是太远的、较好的传球垫me。因此，传球距离球网越近，拦网球员的双手就要举得越高，以让自己能够越快地将手伸过球网。

○ 防守球员应该关注对方二传手的传球范围以及他能从距离球网多远的地方给背飞进攻球员传球。如果二传手距离球网过远，背飞进攻球员不会移动到二传手附近扣背飞，但很可能停留在二传手的前方扣快球。

○ 如果不确定扣球的方向，那么拦网球员应该张开手掌和手臂，以扩大拦网区域。这让他们能够防守到更大的区域，而且有机会接触球或让球速变慢。

○ 左侧拦网球员需要至少举起一只手并伸过球网，防守球场的一部分区域。中位拦网球员可能需要将左手伸过球网，防守球场的一部分区域。单手拦背飞是可以的，因为对方的进攻球员会沿着球网接近球，而拦网球员不能总是刚好移动到对方进攻球员的前面，例如在垂直下降的其他高传球中。这是迫不得已的最终办法，但是总比留下空当处让对方的背飞进攻球员畅通无阻好。

○ 拦网球员与其试图跟随对方的背飞进攻球员移动，不如决定拦住某个区域，让后排防守球员将球救起。

○ 将球发到2号位或球场的右侧前方（参见图3.40，了解号位划分）。这会让球场上的该区域更加拥挤，因为传球来自该区域而且对方的背飞进攻球员也跑入该区域，从而会让对方的二传手更难施展拳脚。这很可能迫使对方的二传手将球从该区域传给位于球场左侧的外侧进攻球员。

○ 将球发给对方扣背飞的球员，然后迫使他将球传给二传手。这会让对方的背飞进攻球员在开始接近扣球前不得不先专注于传球。这是将对方的背飞进攻球员从对方的进攻组织中排挤出去的好办法。

球队在防守时可以选择的拦网策略有好几种。球队可能在对方的进攻球员跳起时安排一个球员拦网或跳起，不管对方是否向该进攻球员传球。球队可以判读拦网情况，例如先观察对方的传球、二传手和进攻球员，再确定在何时何地拦网。球员可以在开始时扎堆在球场的内侧，封锁球场的中心以阻止对方的快速进攻球员，或者在开始时让拦网球员沿球网分布，以阻止比较高的外侧传球。

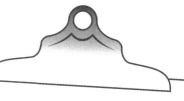

⚠ 小心！

以下情形可能会让球员分心。

○ 对方的进攻球员猛扣球时快速挥动手臂。

○ 对方的进攻球员从球场的一个号位接近球，而在另一个号位扣球。

○ 对方的二传手能够看出己方拦网球员沿着球网方向的布置。

○ 对方的传球似乎总是很好。

判读形势

球员在决定拦网策略时如何获得最大优势？你应教会球员下列事项。

● 仔细观察对方，慢慢熟悉他们的扣球倾向。

● 观察整个比赛的发展，包括传球的质量、传球的位置和方向等。

● 通过观察对方的进攻球员接近球的方式和脸部方向读懂他。

● 观察对方球队是否拥有强大的中位进攻球员能够扣快传球和从球场中间扣球。

学习所需的知识

在决定拦网策略时，教练和球员必须了解以下事项。

规则

在决定拦网策略时，球员必须了解以下几条主要规则。

○ 关于位置重叠的规则。

○ 关于连续接触球的规则。

○ 关于掩护发球球员的规则。

○ 关于伸手过网的规则。

○ 关于拦二传手的球的规则。

○ 关于触网的规则。

○ 关于接触中线的规则。

○ 关于同时接触球的规则。

对方的强项和弱项

教练和球员必须考虑对方的强项和弱项，了解决定拦网策略时如何获得最大的优势。

记住！

你和球员必须了解团队策略和比赛计划，并根据这些计划和当前情形决定拦网策略。确保你和球员考虑到了第140页提出的问题。

教练和球员具体应考虑以下事项。

○ 对方在上一次轮换或者在特定位置时如何处理球？你的球队需要知道对方的二传手会将球传给哪个进攻球员、传球的类型是什么以及对方的进攻球员会将球扣向什么地方。如果有必要，让坐在场外的球员帮助跟踪观察这些情况，并通过呼喊的方式提醒球场中的队友，让拦网球员做好拦截对方进攻球员的扣球的准备。许多球队在每次轮换位置时都布置一样的球员，因此如果对方的进攻球员按照上次的方式扣球，拦网球员就有优势，因为他可以提前做好拦网准备。

○ 将球发给对方前排最强的进攻球员，让他在接近扣球前考虑传球。

○ 将球传给对方的前排进攻球员，但是球落下的位置要靠前或靠后。球靠后时能让对方的进攻球员向后退，靠前时能让对方的进攻球员在接近扣球前难以给二传手传好球。

○ 确保拦网策略可以影响到对方的进攻。让己方最佳的拦网球员位于对方最佳的进攻球员前面或最容易获得传球的球员前面。你甚至可以在该进攻球员前面提前安排两个球员，迫使对方的二传手将球传给能力比较弱的进攻球员。

自我认识

除了要知道对手的强项和弱项，你和你的球员也要了解自己团队的能力。就决定拦网策略而言，教练和球员应该知道以下事项。

○ 拦网球员的技术实力如何？拦网球员应该做好准备从预备姿势起跳拦网，算好起跳时间，在对方的进攻球员接触球前将手伸过球网（传球距离球网越远，拦网球员起跳的时间就越晚；对方进攻球员挥动手臂的速度越快，拦网球员起跳的时间就越早）。

○ 每次比赛场合中球员对比赛形势和对方可能的进攻选择掌握得怎么样？测试球员对比赛形势和对方可能的进攻选择的了解非常重要。如果对方在沿着球网的不同区域采用不同的传球类型，那么教练要确保每个拦网球员知道自己所负责的防守区域，以及希望是单人、双人还是三人共同拦截一个进攻球员。

○ 球员是否能够灵活地沿着球网侧向移动？如果他们能够读懂对方二传手和预估对方的传球方向，那么他们就需要快速移动到最佳的位置去拦网，在恰当的时间将双手伸过球网。

决策制订指导原则

决定拦网策略时，要想确定获得优势的最佳方式，教练和球员就一定要考虑上述信息。此外，教练和球员还要考虑以下指导原则。

○ 如果对方的传球非常接近球网，那么拦网球员需要确保是否将球前方的直线区域封锁。如果防线中有空缺就安排一个防守球员看管，以保护拦网球员后方的球场区域。当传球距离球网很近时，尽管大多数进攻球员都会尝试将球直接向前扣过去，但是一些技术高超的进攻球员可能会试图将球扣在拦网球员的手上让球弹走，这样拦网球员就要确保外侧手（最靠近边线的手）转向对方的球场，防止球弹起后落到界外。

○ 如果球被传到标志杆附近，那么拦网球员要将外侧的手转向里面，这样对方的进攻球员就无法将球扣到拦网球员手上并使球弹出界。这需要拦网球员做出决策，因为如果拦网球员在标志杆附近将手举起并伸过球网，大部分球场区域就被封锁了。其余的防守球员必须移动到拦网球员周围。

○ 如果球位于球网的上方，则会导致对方球员在球网上发生争夺。通常情况下，第二个接触球的球员处于较低位置，而且会赢得球。对方前排比较矮的二传手通常会赢过己方比较高的拦网球员。让己方球员尝试第二次推球，以获得优势。

○ 对于原先的进攻球员（在开始时位于拦网球员前面的任何球员）在准备接近扣球时做了什么动作，拦网球员要将所看到的与队友进行交流。当对方的进攻球员移动到不同的区域或号位时，拦网球员要告诉其他球员切换关注点，注意进入其防守区域中的对方进攻球员。这也可描述为区域性拦网。

○ 当拦网球员跳起一对一拦截对方的进攻球员时，他必须研究该进攻球员的接近方式，然后进入该进攻球员击球侧肩膀的前方（球将过网的位置）和该进攻球员的接近路径的前方。

○ 在拦截后排进攻时，拦网球员应该垂直跳起拦球，否则球可能会打在手上出界，或者误导其他防守球员列队救球。

看一看

以下小节提供了关于决定拦网策略的其他信息。

技能	页码
正面传球	63
背后传球	68
侧面传球	72
跳起传球	76
单手传球	80
前臂垫球	84
拦网	108
打手出界	152
团队布局防守	162
判读进攻球员	165
防守后排进攻	174
接高球	177
防守快速进攻	183
防守二传手的轻扣或进攻	190

（续）

优秀的球队的进攻阵式中总是有至少一名后排进攻球员处于可用状态，因此防守球队必须设计和采用特定的战术来对付这种后排进攻。如果防守球队没有做好准备，对方的后排进攻球员可能会赢得很多分。

⚠ 小心！

以下情形可能会让球员分心。

○ 对方的后排进攻球员跳起很高并猛力扣球。

○ 二传手伪装传给后排进攻球员的球。

学习所需的知识

防守后排进攻时，教练球员必须了解以下事项。

规则

防守后排进攻时，球员必须了解以下几条主要规则。

○ 关于进攻线的规则。

○ 关于自由人用手将球传过位于进攻线前面的进攻球员的规则。

○ 关于位置重叠的规则。

○ 关于接触传球犯规的规则。

○ 关于触球犯规的规则。

○ 关于中线犯规的规则。

判读形势

球员在决定防守后排进攻时如何获得最大优势？你应教会球员下列事项。

● 观察比赛的进展，看看对方有哪些传球选择。

● 保持跟踪对方最强的或者核心的进攻球员位于后排的什么位置（后排中间还是右侧）。

● 注意对方的后排进攻球员进入快速进攻球员的后方。

● 观察对方的后排进攻球员是否打算轻拨球。

记住！

你和球员必须了解团队策略和比赛计划，并根据这些计划和当前情形评估防守后排进攻战术。确保你和球员考虑到了第140页提出的问题。

对方的强项和弱项

教练和球员必须考虑对方的强项和弱项，了解防守后排进攻时如何获得最大的优势。球员具体应考虑以下事项。

○ 对方何时使用后排进攻球员？他们可能只有一个后排进攻球员，或者仅当传球或救球不佳乱了节奏时才将球传给后排进攻球员。

○ 二传手在前排时，对方是不是更喜欢给后排进攻球员传球？许多球队在二传手位于前排时会动用后排进攻球员。

○ 对方的进攻球员的跳跃能力如何？如果对方的进攻球员接近球的步法很好而且跳跃能力很强，并且在球网附近接住球，那么防守球员只需进行常规防守，其中在对方的进攻球员前面至少要安排两个拦网球员，其他防守球员则根据防守策略继续执行正常的防守任务。

○ 对方传给后排进攻球员的球有多高？如果球传得非常高，拦网球员将有足够的时间来调整自己的拦球姿势。如果球传得很低，例如只有标志杆的高度，那么留给防守球员反应和移动到恰当的位置去拦网或救球的时间将变短。

○ 球是不是被传到对方后排进攻球员的前方，让其能够迅速接近并扣球？如果这样传球，球将刚好落在进攻线的内侧，对方的后排进攻球员就能够以更大的力量扣球，而拦网球员、后排防守球员必须更快地做出反应去救球。如果球被传到进攻线后方或者直接传给对方的后排进攻球员，他扣球时将没那么有力，因此防守球员会有更多的时间将球救起。

自我认识

除了要知道对方的强项和弱项，你和你的球员也要了解自己团队的能力。就防守后排进攻而言，教练和球员应该知道以下事项。

○ 己方球队对对方球队的防守体系和可用进攻选择的理解如何？教练应让球队通过观看视频和高水平的比赛了解后排进攻球员如何发挥作用。防守球员将能够看到后排进攻球员一般喜欢将球扣向球场的什么位置，然后和拦网球员或后排防守球员提前做好救球准备。

○ 球员是否理解各自的拦网和防守职责？当对方球队发起后排进攻时，通常由中位拦网球员跳起拦网，其他球员继续在中位拦网球员的后方展开常规防守。中位拦网球员不要跑到侧边拦网，因为这样做球很可能被扣向没有防守球员的区域，或者导致拦网后球从边线或底线出界。

○ 拦网球员对起跳时机的把握如何？如果拦网球员的技术高超而且时机把握能力很强，教练可以选择安排双人一起拦截对方的后排进攻球员。这通常比先拦网再尝试将球救起好。如果拦网球员在试图拦网时很可能触碰到球网，他们应该向后退到离球网有一定的距离处。

○ 己方球队的发球球员有多强大？己方球队的发球越猛烈，对方在传球时就越吃力，而且可能因为乱了节奏而不得不将球传给后排进攻球员。与拦截前排的强大进攻球员相比，大部分球队都更喜欢拦截后排进攻球员。

看一看

以下小节提供了关于防守后排进攻的其他信息。

技能	页码
正面传球	63
背后传球	68
侧面传球	72
跳起传球	76
前臂垫球	84
拦网	108
救球	114
疾跑救球	118
头顶救球	126
团队布局防守	162
判读进攻球员	165
决定拦网策略	171
使用自由人	180
防守快速进攻	183
追逐救球	187
防守二传手的轻扣或进攻	190

（续）

决策制订指导原则

防守后排进攻时，要想确定获得优势的最佳方式，教练和球员就一定要考虑上述信息。此外，教练和球员还要考虑以下指导原则。

○ 如果对方向后排传球，中位拦网球员应跳起拦网，以及沿着球网移动到对方后排进攻球员的前方，确保防守住对方后排进攻球员的部分扣球区域。其他5个防守球员可以分布在该拦网球员的周围，保护整个己方球场。如果对方的后排进攻球员不是非常强大，不能将球直扣在球场上，而只能将球扣过网，那么教练可以采用该指导原则。

○ 中位拦网球员有时可以试图拦截对方的后排进攻球员，让球从对方后排进攻球员的手上弹出界外。如果这种情况发生得很频繁，那么教练可以让前排防守球员从球网上退下来，然后和对付向下扣球一样展开防守，让中位拦网球员向后刚好退到进攻线内侧，而外侧拦网球员处于稍微纵深一点的位置。后排球员将负责球场的最后方，其中中间的后排球员在球场的最后端沿着端线移动，而左侧和右侧的后排球员在底线前方一两步处。这样防守球员能够快速救起被扣向缝隙中的球，让最靠近球的球员在前面，而最远离球的球员在缝隙的最后面。

○ 许多球队喜欢拦截后排进攻而不是救球。如果己方球队有非常强大的拦网球员，能够沿着球网方向控制身体姿势且不会触网犯规，那么教练要优先考虑采取拦网防守战术。

○ 拦网球员不要去够从身体外侧经过的球。如果拦网球员试图去够侧边的球，很可能会让球弹起，使球落在后排防守区域之外。防守球员要围绕拦网球员的手部署在后排，当拦网球员的手移动时，后排球员可能会失去良好的救球位置。

○ 对方在进攻拦网球员的防守区域时可能有不止一种选择（前排和后排）——这称为重叠对付拦网球员。拦网球员必须判定对方的哪个进攻球员将得到传球，而且不要去拦截对方前排的快速进攻球员，因为如果球被传给了对方的后排进攻球员他就无法再跳起拦网。

防守球队一般要重点防守对方的进攻球员。不过，对方难免出现传球或救球不佳的情况，此时对方会挡过来一个高球，即对方没有扣球。这对防守球队而言是一个机会，传球球员可以给二传手传个漂亮的球，然后二传手可以给进攻球员垫起各种具有杀伤力的球。防守球队立即意识到这一情形非常关键，然后应进入正确的位置去接高球。

⚠ 小心！

以下情形可能会让球员分心。

○ 没有注意到可能发过来高球的对方进攻球员，而是认为他会跳起扣球。

○ 没有集中精力将高球传好。

学习所需的知识

在接高球时，教练和球员必须了解以下事项。

规则

在接高球时，球员必须了解以下几条主要规则。

○ 关于球队可以3次触球的规则。

○ 关于第一次触球的规则。

○ 关于触球犯规的规则。

○ 关于中线犯规的规则。

判读形势

球员在决定接高球时如何获得最大优势？你应教会球员下列事项。

● 使用双手从头顶接高球。球员应准确使用该技能，而且这能够加快比赛速度。

● 后排球员应接大部分高球，作为拦网球员的前排球员应从球网前后退，准备扣球。

● 观察对方的前两次触球，确定能否准确地将球传给前排或后排的进攻球员。学会识别什么时候打过来的球没有攻击性。球员的经验越丰富，就能越快识别这种情况，并从球网处后撤去接高球。

记住！

你和球员必须了解团队策略和比赛计划，并根据这些计划和当前情形评估接高球战术。确保你和球员考虑到了第140页提出的问题。

对方的强项和弱项

教练和球员必须考虑对方的强项和弱项，了解接高球时如何获得最大的优势。球员具体应考虑以下事项。

○ 对方的拦网球员有多强大？传球要远离对方最强大的拦网球员。一旦己方接到高球并将其传给了二传手，二传手应思考怎么将球传给位于对方最弱的拦网球员前方的进攻球员进而给球队带来优势。此外，二传手还可以将球传给快速进攻球员，以进攻对方的防守空当。

○ 如果对方不能扣球，他们最可能在什么位置传球？将高球传到对方二传手的防守区域是非常优秀的策略。如果对方要打高球，那么对方球员通常会将球传到己方的1号位（参见图3.40，了解号位划分）或者己方球场的右后方。己方应对该区域进行严密防守。如果二传手在后排且要从该区域移动到前排去传球，则中间的后排球员应移动到二传手原先的位置。

看一看

以下小节提供了关于接高球的其他信息。

技能	页码
前臂传球	55
头上传球	59
拦网	108
救球	114
团队布局防守	162
判读进攻球员	165
决定拦网策略	171
使用自由人	180

○ 球队需要将高球传多高？高球过网时通常有足够的高度可以用手来传球。理想情况下，传球球员应该以标志杆的高度将球传给球网附近的二传手，这样球队就可以在防守时快速扣球。这会使得对方没有足够的时间组织防守。

○ 如果对方传球不佳，哪个球员最可能传高球过网？一些球员不会尝试将传得不好的球扣过网，他们可能会通过前臂传高球过网或者直接传球过网，而不是冒扣球失误的风险。

自我认识

除了要知道对手的强项和弱项，你和你的球员也要了解自己团队的能力。就接高球而言，教练和球员应该知道以下事项。

○ 队员之间的交流如何？当高球越过球网时，中位进攻球员可能会大喊"传球"。中位进攻球员有充足的时间来分析对方的防守情况、喊出他想要采用的进攻方法，然后接近球并扣球得分。中位进攻球员应该将球扣到对方两个拦网球员之间的缝隙中或者比较薄弱的防守位置。如果球队对球有足够的控制能力，右侧进攻球员还可以喊出自己想要的扣球类型。球队也可能采用固定形式的高球打法，而不是让每个进攻球员喊出自己所需的传球。当出现机会时，二传手可以提醒球队将要采取的高球打法。

○ 二传手如何根据拦网球员判断需要将球传到什么位置？教练应训练二传手读懂对方中位拦网球员的身体姿势，从而做出最佳的决定，将球传给位置最开阔的进攻球员。如果对方的中位拦网球员倾向或者开始向某个方向移动，二传手应向相反的方向传球，迫使对方的中位拦网球员改变移动方向。这将使得对方的中位拦网球员来不及阻拦外侧的进攻球员。

决策制订指导原则

接高球时，要想确定获得优势的最佳方式，教练和球员就一定要考虑上述信息。此外，教练和球员还要考虑以下指导原则。

○ 在接高球时，球员要尽力将球传至标志杆的高度，距离球网0.6~0.9米，而且应传到球场的中央偏右处。这能让二传手给中位进攻球员传快球或其他有利的球。

○ 对于高球的防守，球队可以根据前排进攻球员的数量和二传手的位置是否在前排准备几套方案。记住以往经常取得成功的方案。预先确定的方案要为每个进攻球员指定可能出现的传球类型。其中一种方案是中位进攻球员在二传手后面扣背飞，右侧进攻球员进入球场中间扣大约标志杆高度的传球，而左侧进攻球员扣传到外侧的高球。另一种方案是左侧进攻球员扣低传球（标志杆高度），中位进攻球员扣进攻性传球，而右侧进攻球员将高球扣到对方球场的右侧。在这些方案中球员应该采用能够成功执行的传球类型。

○ 如果高球飞向位于右后排位置的二传手，那么二传手不要接球，因为他应该移动到了球网前。中位后排球员应该切换到右侧，防守球场后侧的后半部分。不过，如果二传手已经接了第一手球，他就要将球传到目标区域，而右前排球员将把球传给进攻球员。

○ 如果高球的速度比较慢而且飞行轨迹比较高，拦网球员就没有必要冒触网犯规或者中线犯规的风险。此时，教练应让拦网球员后退，离开球网准备充当进攻球员扣球。

（续）

自由人是特殊的防守球员，能够不限次数地代替后排球员，但是不能在进攻线前方实施任何进攻性技术，例如扣球、拦网或者双手举过头顶将球传给进攻球员。自由人对球队的成功有着关键作用，因此他必须是球队中最擅长接发球和救球的球员。

⚠ 小心!

以下情形可能会让球员分心。

- 球员可能不想充当自由人，因为他不可以扣球或者在前排打球。
- 在球场上的动作受到限制。
- 接好发球时需要承受很大的压力。
- 需要穿与其他队友不同的服装。

学习所需的知识

使用自由人时，教练和球员必须了解以下事项。

规则

使用自由人时，球员必须了解以下几条主要规则。

- 关于自由人的限制的规则。
- 关于在比赛中跟踪自由人的规则。
- 关于重叠的规则。

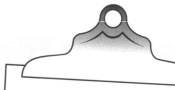

判读形势

球员在使用自由人时如何获得最大优势？你应教会球员下列事项。

- 让自由人完成绝大部分的接发球。
- 训练自由人在主二传手将球传过网时，转变成副二传手角色。
- 将自由人安排在接发球阵式的中间，让其接大部分发球。
- 自由人应该是球场上的防守主导者。
- 将自由人安排在后排可以接到大部分球的位置。

记住!

你和球员必须了解团队策略和比赛计划，并根据这些计划和当前情形评估使用自由人的战术。确保你和球员考虑到了第140页提出的问题。

- 关于自由人服装的规则。
- 关于更换自由人的规则。
- 关于自由人发球的规则。

对方的强项和弱项

教练和球员必须考虑对方的强项和弱项，了解对付自由人时如何获得最大的优势。球员具体应考虑以下事项。

- 对方球队的自由人是否是优秀的传球球员？在进行防守时，对方球队可能在自由人位置上安排了最佳的传球球员。要想探明对方的自由人是否很能干，发球球员可以在比赛的初期向他所在的号位发球，看他是不是出色的传球球员。如果是，发球球员就不要再向该区域发球，而要让对方的自由人或其他任何球员必须进行移动才能传球，从而增大对方将球准确传到目标区域的难度。

○ 自由人在球场上的什么位置？对方球队一般
  会把自由人安排在他们认为能防守进攻和救
  球最多的位置上。如果自由人是对方最强的
  防守球员，他可能会在后排中间和左侧的位
  置之间切换，具体取决于球队的位置轮换和
  球网另一侧的进攻球员的位置。己方要知道
  对方的自由人在球场的什么位置，然后扣球
  时要避开该位置。

○ 自由人传球的准确性如何？自由人能够使用
  前臂准确传球吗？如果自由人给进攻球员传
  的球不是非常准确，己方可能需要将球传向
  右后排或右前排的防守位置，然后继续传球。
  此外还要注意自由人在非进攻区域或超过进
  攻线时能否通过上手方法将球传给前排进攻
  球员。

○ 对方的自由人采用什么类型的发球，以及从
  什么位置发球？己方应在比赛热身期间观察
  对方的自由人采用什么类型的发球，然后做
  好准备在沿着底线的相应位置接这种类型
  的球。

自我认识

除了要知道对方的强项和弱项，你和你的
球员也要了解自己团队的能力。就使用自由人而言，教练和球员应该知道以下事项。

○ 球员对做自由人是否有信心？因为自由人在比赛的大部分时间都在球场上，因此自由人
  必须得到球队的尊重，而且要能够在球场上发挥技术引导作用，这一点非常重要。

○ 自由人传球的水平怎么样？教练应在训练期间持续记录传球数据，看看担任自由人角色
  的球员在球场的各个区域的传球水平怎么样。球队要想获得成功，拥有具有良好的接发
  球技术的球员非常重要，而拥有具备优秀的传球技术的自由人是关键。

○ 自由人在防守时表现如何？如果自由人是球队的最佳防守球员，那么每次轮换位置时教
  练应将他安排在救球最多的位置。不过，如果球队采用了后排进攻球员，则需要将自由
  人安排在球场中不会影响到后排进攻球员扣球的位置，而这通常是后排左侧区域。如果
  后排进攻球员将从后排的中间位置进攻，自由人则要移动到其他位置。

○ 自由人的发球技术怎么样？自由人在比赛期间将作为发球球员之一，因此自由人能够发
  出准确有力的球非常重要。自由人要能够将球发到对方球场上的各个区域，以及将球发
  给教练或队友提示的目标。

看一看

以下小节提供了关于使用自由人的
其他信息。

技能	页码
前臂传球	55
头上传球	59
救球	114
疾跑救球	118
掩护进攻球员	121
救撞网球	123
头顶救球	126
翻滚救球	129
趴地救球	133
单手前扑救球	136
判读进攻球员	165
防守后排进攻	174
接高球	177
防守快速进攻	183
追逐救球	187
防守二传手的轻扣或进攻	190

（续） **181**

○ 自由人能否从头顶上方准确地向下扣球？自由人不可以跳起或者扣高于球网的球，但是他在第三次触球时可以站在地面上将球推过球网，让球落在对方球场的空当处。自由人训练期间就要这样做，且要自己将球抛起并击球，而不是让教练代为抛球。

决策制订指导原则

　　使用自由人时，要想确定获得优势的最佳方式，教练和球员就一定要考虑上述信息。此外，教练和球员还要考虑以下指导原则。

○ 教练应在每次发球和传球训练中都要使用自由人，因为他在比赛的大部分时间都在场上。此外，教练不应给出口令开始比赛，而要让自由人发球开始比赛，或者将自由人安排能在接大多数发球的位置上。这让自由人有更多的机会接触球，从而能改善其发球或传球的准确性。

○ 教练应在进攻训练中使用自由人，让其通过前臂传球给位于进攻线前方的进攻球员传球，或通过头上传球给位于进攻线后方的进攻球员传球。自由人需要在比赛情形中练习这样传球，而进攻球员需要练习扣自由人传过来的球。

○ 训练自由人在第三次触球时站立将球推过网。因为自由人跳起扣球是犯规的，他需要学会站在地面上将球猛推过网。他要有意让球落到球场后方的1号位（参见图3.40，了解号位划分）。

○ 自由人不一定非得是身高较矮的球员。教练不要因为球员个子矮就将其选定为自由人，要确保自由人能够准确发球和救球。

○ 教练应让其他球员和自由人一起训练，让自由人了解球队想要实施的防守策略。自由人可以成为球队防守的带领者，就像二传手是地面进攻的带领者一样。

快速进攻一般是指将短球传给通常位于球场中间的中位进攻球员。中位进攻球员提前接近球，而且当二传手将球传给他时，他已经跳起在空中。这种传球很受欢迎，因为它会使得防守球队的拦网和救球反应时间变少。恰当地防守快速进攻需要进行进攻性发球，聪明的中位拦网球员会观察场上形势的发展，后排球员应站在球场中的恰当位置，准备将球救起。

⚠ 小心！

以下情形可能会让球员分心。

○ 对方具有威慑力的中位进攻球员。

○ 对方的中位进攻球员比较矮或者跳得不高，让己方觉得他不能将球扣下。

○ 对方多个进攻球员一起接近球网前的相同区域。

○ 对方的进攻球员采取横向阵式，让拦网球员顾不过来，未能做好拦截进入自己的拦网区域的中位进攻球员的准备。

○ 对方前排的二传手能够高效地轻扣球。

○ 对方前排有惯用左手的二传手，而且能够挥臂扣二次球而不是传球。

判读形势

球员在决定防守快速进攻时如何获得最大优势？你应教会球员下列事项。

● 对方将短球传给前排的中位进攻球员时，己方的拦网球员应在他接近扣球前迫使他先传球。

● 将球发到1号位或2号位。

● 对手的传球越准确，中位拦网球员的双手就要举得越高，以便能够快速将双手伸过球网。

● 让左后排和右后排的球员站在距离球网4.6米的地方，而且距离各自的边线大约2.1米。他们要做好对方的中位进攻球员接快传球发起进攻的准备，保持较低的姿势以便快速做出反应。

学习所需的知识

防守快速进攻时，教练和球员必须了解以下事项。

规则

防守快速进攻时，球员必须了解以下几条主要规则。

○ 关于位置重叠的规则。

○ 关于发球的规则。

○ 关于球在球网上方的规则。

○ 关于触网犯规的规则。

○ 关于中线犯规的规则。

○ 关于掩护发球球员的规则。

记住！

你和球员必须了解团队策略和比赛计划，并根据这些计划和当前情形评估防守快速进攻战术。确保你和球员考虑到了第140页提出的问题。

○ 关于拦二传手的球的规则。

对方的强项和弱项

　　教练和球员必须考虑对方的强项和弱项，了解防守快速进攻时如何获得最大的优势。球员具体应考虑以下事项。

○ 对方的快速进攻球员在前排什么位置？拦网球员必须知道对方前排有哪些球员，谁最可能扣快传球。拦网球员需要通过身体姿势指出对方的前排进攻球员是谁，同时呼喊其球衣号码让队友知道。中位进攻球员最有可能发起快速进攻，而且很可能不在接发球阵式中，而是更加靠近球网。

○ 快速进攻球员最可能在球场的什么位置扣快传球？这通常取决于传球的位置和二传手的技术。进攻球员和二传手的技术水平越高，那么他发起快速进攻的范围就越广。快速传球可能是射传，球将落在己方前排的中位和右侧拦网球员之间的缝隙中。另一种比较受欢迎的传球是直接落在二传手前面的球，而且传球的高度和快速进攻球员能够够到的高度相同。

○ 快速进攻球员能够在二传手的背后发起进攻吗？毫无疑问，进攻球员能够从二传手的后面接近球，然后起跳等待二传手将球传给他击球的那只手。如果进攻球员在二传手背后附近单脚起跳扣球，这称为近距离背飞。这种传球通常用来迷惑防守方的拦网球员，或者让防守方的拦网球员来不及反应。一旦对方在中间快速扣球得分或者即使球在中间位置被拦，对方的进攻球员还可能会尝试从不同的位置发起快速进攻。

○ 二传手在准备给快速进攻球员传球时看起来是否有任何异样？二传手的天赋和经验越足，那么在每次传球前就越能够做到毫无异样。在许多情况下，二传手接触球准备给快速进攻球员传球时会弯曲膝盖并稍微降低姿势，或者将双手举得更高以加速进行快传球。仅当打算给快速进攻球员传球时，二传手才可能会跳起传球。球员应通过视频和热身运动观察对方的二传手，因为每个二传手都可能会暴露出自己的一些偏好。

○ 二传手是否跳起传球？如果二传手的技术足够高超、能够跳起传球，那么他可能会准备好给快速进攻球员跳起传球。跳起传球能够让快速进攻变得更快，因为在快速进攻球员挥臂击球前，球已经更早地出现在空中了。

○ 传球要多好才能让二传手接到球并将球传给快速进攻球员？传给二传手或传到目标区域的球在高度、速度和位置上都可能不同。大部分球员喜欢将球传至标志杆高度，让快速进攻球员有足够的时间跟随传给二传手的球，然后跳起在空中扣二传手传来的球。如果传球远离球网，进攻球员将远离二传手，然后张开击球侧肩膀让球进入肩膀内侧，接着扣球。球员要能够在比赛初期识别对方二传手的水平，以及了解对方的快速进攻球员是不是每次都会跳起，从而有效进行拦网。

自我认识

　　除了要知道对方的强项和弱项，你和你的球员也要了解自己团队的能力。就防守快速进攻而言，教练和球员应该知道以下事项。

○ 球队的发球进攻性如何？阻止对方快速进攻的最佳办法是发具有攻击性的球，让对方的传球远离球网，迫使二传手移动到远离球网的地方去传球。要想了解对方球队快速进攻的水平如何，己方在比赛初期可以给其发一个简单的球。

○ 己方要让多少个拦网球员跳起拦截对方的快速进攻球员？至少要让一个拦网球员处于快速进攻球员的肩膀的前方，并将手举起伸过球网进行防守。如果可能的话，左侧拦网球员要进行支援，形成双人拦网。这将取决于对方的二传手是否在前排，以及是否有能力挥手扣二次球或者将二次球轻扣过网得分。如果对方的二传手构成威胁，那么左侧拦网球员就不得不盯住他。此外，如果对方的快速进攻球员连续向左后方扣球得分，那么左侧拦网球员需要上前移动进行拦网，而且左后排的球员应轮换至球场的外侧，准备将对方的二传手瞄准己方球场左前方的轻拨球救起，或者将对方二传手轻扣到拦网球员头部后方的球救起。

看一看

以下小节提供了关于防守快速进攻的其他信息。

技能	页码
背后传球	68
侧面传球	72
跳起传球	76
单手传球	80
背飞	102
拦网	108
救球	114
头顶救球	126
二传快球	155
团队布局防守	162
判读进攻球员	165
防守背飞	168
决定拦网策略	171
使用自由人	180
防守二传手的轻扣或进攻	190

○ 负责拦截对方快速进攻球员的拦网球员是否保持双手高举而且膝盖弯曲，准备快速将手伸过球网？绝大多数中位拦网球员一开始就会弯曲膝盖并高举双手，但是当对方的快速进攻球员跳起在空中时，他们又会降低姿势准备起跳，从而削弱了开始时高举双手的优势。拦网球员要知道对方的传球越好，自己的双手就要举得越高，以便快速将手伸过球网。

○ 面对快速进攻球员应该采取什么样的防守战略？防守球队通常在开始时采取基础姿势，因此在防守对方的快速进攻球员时其实没有多大的改变。左后排和右后排的球员要站在距离各自的边线大约两步远、距离球网大约4.6米的位置上。这是绝大多数快速进攻球员自然挥臂扣球时所瞄准的区域。如果对方的快速进攻球员跳起后没有得到传球，那么防守球员要继续关注传球，然后移动到下一个防守位置。

决策制订指导原则

防守快速进攻时，要想确定获得优势的最佳方式，教练和球员就一定要考虑上述的信息。此外，教练和球员还要考虑以下指导原则。

○ 防守快速进攻的关键是将双手伸过球网，而且手要放低、距离球网上沿要很近，这样拦网球员就不需要跳得很高。绝大部分进攻球员都会尝试将球扣在对方的球场中，因此拦

（续）

网球员双手放低能够阻止大部分扣球。拦网球员让前臂靠近球网上沿能够阻止球沿着自己的内侧手臂落入己方球场中。

○ 观察进攻球员接近球的角度以及脸部和头部的方向，从而确定其进攻的方向。大部分进攻球员都会朝着自己所面向的方向扣球。如果是惯用右手的进攻球员，那么很可能将球扣在对方球场的左后方。二传手可以改变进攻球员所选择的进攻方向，方法是将球传到进攻球员的右侧肩膀的前方（扣到球场的左后方）或者左侧肩膀的前方（扣到球场的右后方）。

○ 要知道谁是快速进攻球员。前排拦网球员要注意对方的进攻球员接近球的方式，知道对方的进攻球员是打算扣快传球还是扣其他类型的传球。

○ 研究二传手，了解他传快球的技术水平。许多二传手会设法给中位进攻球员传快球。要想成功扣快传球，需要有完美的传球能力、出色的时机把握能力和能够将球准确传给快速进攻球员的二传手。

○ 采用高明的发球策略，增加对方将球传给快速进攻球员的难度。球员可以给对方的前排进攻球员发短球，以打乱其节奏，使他忙于传球而无法在二传手接到球时接近球并起跳扣球。

○ 绝大多数快速进攻球员喜欢每次都朝着传球的方向扣球。拦网球员需要记住该方向，当对方的快速进攻球员准备扣球时，将双手伸过球网打乱其如意算盘。

难免会出现这样的情况：扣球时球从拦网球员的手上弹开，或者后排防守球员救球不佳，导致第一次接触球后球飞到界外。球队需要有一套追逐救球的策略。一旦球接触某个球员后弹起，所有其他球员都要试图将球追回来。第一个接近球的球员要试图将球垂直救起在空中，第二个球员到达球的下方时要停下，让肩膀和背部与球网保持平行，然后从背后将球传过球网落入对方的球场中。救球结束后，所有球员要移动到恰当的防守位置。

⚠ 小心!

以下情形可能会让球员分心。

○ 认为无法将球救起，因此决定放弃追球。

○ 认为其他队友会去追球。

○ 认为追不上球。

○ 过于疲劳或缺乏精力进行冲刺。

○ 没有看见或听到队友说已经已方接触了球。

学习所需的知识

追逐救球时，教练和球员必须了解以下事项。

规则

追逐救球时，球员必须了解以几条下主要规则。

○ 关于球队的触球次数的规则。

○ 关于无法继续比赛的球的规则。

○ 关于队友同时接触球的规则。

○ 关于球接触拦网球员的规则。

○ 关于球从标志杆之间越过球网的规则。

○ 关于在露天看台救球时保持脚接触地面的规则。

对方的强项和弱项

教练和球员必须考虑对方的强项和弱项，了解追逐救球时如何获得最大的优势。球员具体应考虑以下事项。

○ 对方的进攻球员扣球的力度怎么样？对方的进攻球员可能已经习惯在前面看见拦网球员

判读形势

球员在追逐救球时如何获得最大优势？你应教会球员下列事项。

● 遵守追球规则。

● 知道边线和底线的位置，以及球场上有多少空地可以追回球。

● 听队友是否大喊"触球"，如果是则意味着球队中有人已经接触球，因此需要继续接触球，不让球落在己方场地。

● 关注队友。

记住!

你和球员必须了解团队策略和比赛计划，并根据这些计划和当前情形评估追逐救球战术。确保你和球员考虑到了第140页提出的问题。

的手，而且能够将球从拦网球员的手上扣过去，让球从其手上弹出界且后排球员够不着。

○ 对方的进攻球员的挥臂姿势是什么样的？对方的进攻球员可能试图向边线或拦网球员的上方挥臂，故意扣球让球从拦网球员的手上弹向边线或落入球场后方。己方应确保左后排和右后排的防守球员观察到对方进攻球员的挥臂姿势，如果挥臂姿势是偏向边线且高举的，那么就要做好准备尽快追球。

○ 对方的进攻球员是否慢速挥臂？这可能会导致拦网球员误判起跳时间，而且球可能从其手上弹开并需要己方追逐救球。

自我认识

除了要知道对方的强项和弱项，你和你的球员也要了解自己团队的能力。就追逐救球而言，教练和球员应该知道以下事项。

○ 拦网球员对起跳时机的把握怎么样？如果拦网球员起跳过晚，球将在拦网球员起跳过程中打在其手上。相反，当对方的进攻球员接触球时，拦网球员让手保持低姿势而且伸过网时要挨近球网。拦网球员需要知道从预备位置移动到球网前并跳起伸手过网需要多长时间。他们需要通过训练加快做这个动作的速度，方法是在开始时弯曲膝盖降低姿势，接下来仅向上抬高而不是降低身体，因为降低身体会浪费时间。

○ 为什么球队的所有球员参与追逐救球非常重要？所有球员都要相互表示准备将球从球场外救起的决心。参与追逐救球的球员越多，成功将球救起的概率就越高。

○ 为什么首先接近球的球员要将球垂直向上挡起，而不是把球挡回到球场中？如果第一个球员试图将球挡回到球场中，那么他将把球挡回到球场中的什么位置而又由谁将球传过球网呢？这将造成混乱。将球垂直救起能让下一个球员或者第三次接触球的球员有足够的时间接近球，并做好准备将球长距离传过球网。

○ 为什么练习该战术非常重要？球员努力追逐跑到球场外的球并将其成功传过球网，将会改变比赛的格局。这样精彩的过程每次都会给己方球队带来信心，而对方球队则会变得沮丧，而且更可能出现扣球失误。

决策制订指导原则

追逐救球时，要想确定获得优势的最佳方式，教练和球员就一定要考虑上述信息。此外，教练和球员还要考虑以下指导原则。

○ 第一个到达球场外的位置的球员要尝试使用双前臂将球垂直向上挡起至足够的高度，让下一个队友有足够的时间赶到。这是3次触球中的第二次。若第一次触球碰到了拦网球员的手，只要不再次接触拦网球员的手不算二次触球。

○ 如果有第三次触球的机会，那么球员需要移动到球将落下的位置，然后停下并让背部与球网保持平行，以便向后将球从两根标志杆之间挡回到对方球场中。球应该落到对方球场中足够靠近底线的地方，这样对方就无法直接扣球，从而让队友有足够的时间回到球场进入防守位置。

○ 如果首先跑去救球的球员将球垂直向上挡起，己方对球就会拥有更多的控制权。在跑去救球的过程中将球从头顶上方挡回对方球场很难成功。

○ 追逐救球时球员要遵循追球规则。这意味着他们将持续尝试救球，直到他们碰到危险的东西（例如椅子、前臂），球碰到其他物体（例如地板、天花板），队友叫停或者裁判吹哨叫停。这称为追球到底。

○ 如果球碰到防守球员后弹起，那么该球员不能救球，因为同一个球员不能连续两次接触球。但是他仍然要和其他队友一起追逐球，因为他可以在第三次接触球时将球从球网上方传过去。

○ 在接触球前球员双脚要站在地面上。追逐球的球员可能认为需要进入地面接球，球员应该总是尝试先站立接触球，如果有必要，再随着惯性进入地面。

○ 队友在跑向球的过程中要进行沟通，让彼此知道是否存在碰到其他物体的危险，例如墙壁或看台的椅子，其他队友要提醒离球最近的队友在第二次接触球时将球垂直向上挡起，以及让彼此知道有人已经准备好在第三次触球时将球挡过球网。

看一看

以下小节提供了关于追逐救球的其他信息。

技能	页码
救球	114
疾跑救球	118
救撞网球	123
头顶救球	126
翻滚救球	129
打手出界	152
团队布局防守	162
防守背飞	168
防守后排进攻	174
使用自由人	180
防守快速进攻	183
防守二传手的轻扣或进攻	190

二传手通常是将传球垫给进攻球员让其扣球过网的球员。如果二传手位于前排，那么他在第二次触球时可能会扣球而不是垫球。防守球队要做好准备以防守这样出其不意的进攻，即轻扣。轻扣的目的是趁防守球员走神时发起进攻并得分。防守球员了解对方的二传手是否在前排非常重要，因为如果对方的二传手在后排，他就不可以跳起扣球过网。拦网球员一定要留心对方二传手的动作，而且要做好跳起拦网的准备，尤其是对方的二传手跳起在空中且有迹象表明他可能轻扣时。拦网球员被认为是己方的第一道防线。左侧拦网球员在拦网时可能要让对手有所顾忌。对方的右侧进攻球员或中位进攻球员可能接近二传手身后击球，因此，左后排和右后排的防守球员必须做好准备救起被二传手轻扣或进攻的球。

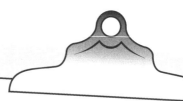

判读形势

球员在防守二传手的轻扣或进攻时如何获得最大优势？你应教会球员下列事项。

● 通过视频或在热身期间研究对方的二传手，确定其在第二次接触球时喜欢轻扣什么类型的球。
● 发具有进攻性的球。
● 确保后排球员知道对付对方前排二传手的拦网策略。
● 当对方的二传手在前排时，确保所有队员都知道。
● 要注意对方惯用左手的二传手，因为他们在第二次接触球时会扣球而不是垫球，这是真正的威胁。

⚠ 小心!

以下情形可能会让球员分心。

○ 对方二传手的身高比较高。
○ 对方的二传手不管是在前排还是在后排，每次都跳起传球。
○ 对方的二传手惯用左手。
○ 对方拥有优秀的惯用左手的二传手，且其能够把跳传球传得很好。
○ 对方二传手的弹跳能力很好。

记住!

你和球员必须了解团队策略和比赛计划，并根据这些计划和当前情形评估防守二传手的轻扣或进攻战术。确保你和球员考虑到了第140页提出的问题。

学习所需的知识

防守二传手的轻扣或进攻时，教练和球员必须了解以下事项。

规则

防守二传手的轻扣或进攻时，球员必须了解以下几条主要规则。

○ 关于球在球网上方的规则。

○ 关于后排进攻球员充当二传手的规则。

○ 关于位置重叠的规则。

○ 关于触网犯规的规则。

○ 关于中线犯规的规则。

○ 关于触球犯规的规则。

○ 关于拦二传手的球的规则。

○ 关于触碰拦网球员的规则。

对方的强项和弱项

　　教练和球员必须考虑对方的强项和弱项，了解防守二传手的轻扣或进攻时如何获得最大的优势。球员具体应考虑以下事项。

○ 二传手的身体姿势是什么样的？二传手必须处于良好的身体姿势才能跳起挥臂击球或者将球轻扣过网。如果己方意识到对方的二传手准备击球，那么位于对方的二传手前方的拦网球员应该跳起，将双手伸过球网进行拦网。后排防守球员应该填补拦网球员周围的空当。

○ 对方的传球是否不够接近球网？若对方的传球接近球网，二传手会试图单手将球垫给快速进攻球员或者进行侧面传球。对方的二传手还可能将双手举起做传球动作，然后实际使用左手或右手将球推向己方球场。

○ 二传手跳传球吗？如果二传手的技术非常好，他可能会多次跳传球给进攻球员。他也可能只在打算轻扣球时跳传球。己方在热身和整个比赛期间要注意观察和记住对方二传手跳传球时的倾向。

○ 二传手喜欢将球轻扣到球场的什么位置？如果他是高水平的二传手，他将观察对方的左侧拦网球员在哪里，然后将球轻扣到他的周围。如果拦网球员在他的前方，他将向后把球轻扣到边线方向；如果左侧拦网球员在他的后方，他将把球轻扣到左侧拦网球员和中位拦网球员之间的缝隙中。后排球员必须观察左侧拦网球员的位置，然后准备好防守轻扣球可能被扣向的空当。左侧拦网球员应该处于防守对方二传手最能猛烈扣球的位置，而且要确保防守球员填补他后面的空当处。一些二传手能够将球轻扣到对方球场的左后角，而且让后排防守球员够不着。

○ 二传手惯用左手吗？惯用左手的二传手在轻扣二次球时可能非常高效，或者挥臂作为进攻球员进行完整的扣球。防守球队必须知道对方二传手的技术是否足以挥臂猛扣球，然后准备好拦球，拦住他最喜欢的扣球类型或者扣球角度。惯用左手的二传手更擅长将球扣向到对方球场的不同位置，例如扣球到左后角或直接过网落到地面上。

○ 二传手（前排或后排）在第二次接触球时喜欢将球传过球网吗？他们将站在地面上从侧边用双手将球传过球网而不是将球垫起给己方的进攻球员。后排球员要做好准备将这样的球救起。

（续）　**191**

自我认识

除了要知道对方的强项和弱项，你和你的球员也要了解自己团队的能力。就防守二传手的轻扣或进攻而言，教练和球员应该知道以下事项。

○ 左后排和右后排球员知道各自的职责吗？这两个球员的首要任务是救起对方二传手的轻扣球。他们不执行任何拦网任务，因此可以完全关注对方的二传手。他们在球场上应该处于良好的基础姿势，以便能够将双臂放在对方二传手扣过来的任何球的下方。在球落到地面前，他们要能够通过各种技术将球救起。

○ 中位拦网球员的任务是什么？当对方的中位进攻球员已经进入二传手的后面，中位拦网球员负责阻止二传手，因为此时二传手就转变为了中位进攻球员。发现对方的二传手试图轻扣球或挥臂击球时，中位拦网球员要试图至少将一只手伸过球网，拦在二传手的前方。当对方的进攻球员移动到二传手的背后准备扣球时，左侧拦网球员和中位拦网球员需要快速进行沟通。

○ 左侧拦网球员的任务是什么？左侧拦网球员要阻止对方的二传手将球直接扣在他后方的球场上。他必须确定一个角度去拦球，确保二传手必须经过他这一关，让后排防守球员有更多的反应时间并将球救起。

○ 右侧拦网球员的任务是什么？该球员需要做好准备从球网处撤离，帮助救起落在球网附近其他区域的球，或者帮助将从拦网球员的手上弹开的球救起。如果球被扣向可能是二传手的右后卫防守队员，他可能还需要准备好将救起的球垫起。

决策制订指导原则

防守二传手的轻扣或进攻时，要想确定获得优势的最佳方式，教练和球员就一定要考虑上述信息。此外，教练和球员还要考虑以下指导原则。

○ 当对方球队的前排有惯用左手的二传手（或者技术高超的惯用右手的进攻型二传手），防守球队必须知道在第二次接触球时避免该球员得分或者至少要减缓他的进攻速度。这就需要确定当二传手跳起传球时，左侧拦网球员是否参与拦网（跳起在空中）。左侧拦网球员要移动到对抗二传手的位置，不让他扣下最喜欢的球。后排球员必须知道将要采用的策略，以填补防守中的空当处。

○ 防守球队不能习惯于看着对方的二传手将球垫起给进攻球员，别忘了二传手也可以发起进攻。

○ 如果左侧拦网球员在对方二传手的前方，这将鼓励二传手将球轻扣到他的后方，即沿着球网方向的4号位（参见图3.40，了解号位划分），因此左后排球员应该移动到该区域。如果左侧拦网球员与对方的二传手平行且能够拦住扣向4号位的球，那么左侧防守球员就要移动到球场的中间，预防二传手将球轻扣到该区域。换句话说，救球球员移动的方向要与拦网球员相反，或者要向拦网球员未防守到的位置移动。

○ 如果对方球队的中位进攻球员能够在二传手后面扣球，那么己方就很难要求左侧拦网球员负责同时拦截对方的二传手和中位进攻球员。当对方的进攻球员移动时，左侧拦网球员和中位拦网球员需要快速进行沟通。

○ 如果己方二传手在拉锯战中轻扣球，那么己方要防备对方的二传手立即将球轻扣回来。这在排球运动中是个奇怪的现象，但是似乎经常发生。如果防守球队的二传手轻扣了一个球，那么就应该做好对方可能也轻扣球的准备。

○ 采用发球战术来限制对方二传手的轻扣球。己方可将球发到二传手后方的区域，或者发具有进攻性的球，让传球远离球网，减少对方二传手轻扣或进攻的机会，因为其距离球网过远。

○ 右后排球员要做好准备救起对方二传手的扣球，因为他很可能斜扣球。如果发生这种情况，而且对方的二传手就在右后排，那么己方应让另一个球员，通常是右前排的球员将第二次接触的球垫给进攻球员。

看一看

以下小节提供了关于防守二传手的轻扣或进攻的其他信息。

技能	页码
背飞	102
拦网	108
救球	114
翻滚救球	129
单手前扑救球	136
扣二次球	158
团队布局防守	162
判读进攻球员	165
防守背飞	168
决定拦网策略	171
防守快速进攻	183
追逐救球	187

（续）

第4部分

制订教学计划

　　第4部分将帮助你运用前面各章所学到的知识为即将到来的赛季制订教学计划。赛季计划会大致列出年度训练项目，是由特定的多个训练计划组成的，因此只要有了赛季计划，你就可以完成教学工作并帮助球队在赛季中取得出色的成绩。

　　第7章解释了如何制订赛季计划，它就是该赛季的各项训练所组成的框架。本章除了教你通过6个关键步骤制订赛季计划，还提供了一个基于比赛的赛季计划示例。制订赛季计划后，你必须添加训练计划，它概述了每项训练是如何进行的。第8章解释了优秀训练计划的组成部分并提供了基于赛季计划的前8个训练计划的示例。

赛季计划

约翰·伍登（John Wooden）是富有传奇色彩的美国加州大学的篮球教练，他遵循至简的教学理念，强调执行重于胜利。他认为如果球队注重基础技术的执行，那么胜利将随之而来。在这方面，他精心设计的训练课让他在20世纪60至70年代的12年间获得了10个国家级头衔。正如伍登所说："准备不周就是在为失败做准备。"在第一次训练课前，你应该回顾自己的教学理念，并在下一年加以改进。通过这样做，你就可以避免重蹈覆辙，并重新设立新的目标。不管是什么运动，优秀的教练总是会花时间制订计划。

开发教学理念

成功的计划源于开发优秀的教学理念。你喜欢更加激进还是更加保守的防守策略呢？每次传球或扣球时，你是否希望有快速进攻球员待命？或者你是否有球员喜欢将球垫得很高？不管你的教学理念是什么，你必须为球队开发指导原则，然后尝试实现球队在技术上能够实现的战术。因此，如何精确地开发教学理念呢？首先，你应该确定自己的信念和价值观。你不应该试图采用与自己的信念相悖的教学理念，或者削足适履、勉强为之。如果你的教学理念不是真正属于你自己的，你就很难让球员融入其中。不过，你也不要害怕借鉴自己师从过或仔细研究过的成功教练的教学理念。你要密切留意经常获胜的球队，思考是什么让这些球队获得了成功，不要害怕询问其他教练是如何准备赛季、执行训练或管教球员的。优秀的教练会乐意与你分享他们的知识，并以之为荣。你还可以参加美国排球教练认证项目的认证课程，然后加入美国排球教练协会，继续学习最新的知识和了解排球运动的进步。

但是如你所知，从其他教练或书本中收集到的信息仅能为你提供基础材料。你下一步要做的就是处理这些信息，将其整理成有用的计划。成功的教练同时也是优秀的教师，就像教师在未做出经过深思熟虑的课程计划前不会踏入教室一样，排球教练在没有计划前就不要开始训练课程。你需要对所收集到的信息进行分析、观察和排列，将其组织成每年的训练计划。

教学计划的6个步骤*

雷纳·马滕斯的《执教成功之道》（第三版）的第1章为创造和实现教练价值提供了框架。你可以去阅读该章的内容，提炼自己的教学理念。当你将自己的教学理念写在纸上后，你就可以通过下面6个简单的步骤，即所谓的"教学计划的6个步骤"，开始为即将到来的赛季做计划。这些步骤如下所示。

步骤1：找出球员所需的技术。

步骤2：了解自己的球员。

步骤3：分析自己的情况。

步骤4：确定优先顺序。

步骤5：选择教学方法。

步骤6：创建赛季计划。

步骤1：找出球员所需的技术

要想帮助球员变成优秀的排球运动员，你需要知道球员需要什么样的技术。绝大部分高中都不将全面的技术纳入教学目标中，所以你必须对全面的技术目录进行过滤。首先，你需要将球队获得成功所需的技术挑选出来，如表7.1的第一列所示。

表7.1是排球运动的中级技术概览，它以本书第3~6章中所描述的技术以及其他一些本书或同等水平的图书所未包含的基础技术为基础，因为我们假设教练和球员已经掌握了基础的知识和能力。此外，其中还包含来自雷纳·马滕斯的《执教成功之道》（第三版）中的身体训练技能、精神技能、沟通技能以及性格技能。在这个阶段，你应该对技术列表进行检查，并根据自己球队的技术水平进行修改（教学计划的步骤4将进一步解释如何让该列表发挥作用）。

步骤2：了解自己的球员

在赛季开始前，你应该对自己的球员了如指掌。如果你在上一年对球队进行过训练，那么看看再次进行训练的球员有哪些，并对他们进行评估，包括他们的强项、弱项以及还有什么需要学习的等。如果你是一个新教练且对球队的水平不了解，那么评估过程会更加困难。在评估前，请回顾第2章讨论的评估指导原则。如果规则允许，在训练的第一天或

---

* 经雷纳·马滕斯的许可重印，《执教成功之道》（第三版），人体运动出版社。

表7.1 识别和评估技术

步骤1	步骤4							
识别到的技术	教学优先顺序			是否准备学习		优先级别		
	必须	应该	可以	是	否	A	B	C
进攻技术技能								
下手发球	必须	应该	可以	是	否	A	B	C
侧面发球	必须	应该	可以	是	否	A	B	C
站立发飘球	必须	应该	可以	是	否	A	B	C
跳发飘球	必须	应该	可以	是	否	A	B	C
上旋球	必须	应该	可以	是	否	A	B	C
抡臂发球	必须	应该	可以	是	否	A	B	C
跳旋球	必须	应该	可以	是	否	A	B	C
接发球（前臂传球）	必须	应该	可以	是	否	A	B	C
接发球（头上传球）	必须	应该	可以	是	否	A	B	C
高球（前臂传球）	必须	应该	可以	是	否	A	B	C
高球（头上传球）	必须	应该	可以	是	否	A	B	C
传球（头上传球）	必须	应该	可以	是	否	A	B	C
传球（前面传球）	必须	应该	可以	是	否	A	B	C
传球（后面传球）	必须	应该	可以	是	否	A	B	C
传球（跳起传球）	必须	应该	可以	是	否	A	B	C
传球（单手传球）	必须	应该	可以	是	否	A	B	C
传球（侧面传球）	必须	应该	可以	是	否	A	B	C
传球（轻扣球）	必须	应该	可以	是	否	A	B	C
传球（前臂传球）	必须	应该	可以	是	否	A	B	C
进攻（左侧）	必须	应该	可以	是	否	A	B	C
进攻（中间）	必须	应该	可以	是	否	A	B	C
进攻（右侧）	必须	应该	可以	是	否	A	B	C
进攻（后排）	必须	应该	可以	是	否	A	B	C
进攻（快速）	必须	应该	可以	是	否	A	B	C
进攻（背飞）	必须	应该	可以	是	否	A	B	C
进攻（慢速）	必须	应该	可以	是	否	A	B	C
进攻（轻拨）	必须	应该	可以	是	否	A	B	C
进攻（高传）	必须	应该	可以	是	否	A	B	C
进攻（从拦网的手上弹起）	必须	应该	可以	是	否	A	B	C
进攻（直线）	必须	应该	可以	是	否	A	B	C
进攻（斜线）	必须	应该	可以	是	否	A	B	C
进攻（后角落）	必须	应该	可以	是	否	A	B	C
进攻（锐角）	必须	应该	可以	是	否	A	B	C
进攻（缝隙）	必须	应该	可以	是	否	A	B	C

步骤1	步骤4							
识别到的技术	教学优先顺序			是否准备学习		优先级别		
	必须	应该	可以	是	否	A	B	C
防守技术技能								
拦网	必须	应该	可以	是	否	A	B	C
救球（下手）	必须	应该	可以	是	否	A	B	C
救球（头顶）	必须	应该	可以	是	否	A	B	C
疾跑救球	必须	应该	可以	是	否	A	B	C
趴地救球	必须	应该	可以	是	否	A	B	C
单手前扑救球	必须	应该	可以	是	否	A	B	C
进攻战术技能								
发球区	必须	应该	可以	是	否	A	B	C
发球情况	必须	应该	可以	是	否	A	B	C
传球（训练）	必须	应该	可以	是	否	A	B	C
传球（各种进攻选择）	必须	应该	可以	是	否	A	B	C
传球（信号和比赛）	必须	应该	可以	是	否	A	B	C
进攻（接发球）	必须	应该	可以	是	否	A	B	C
进攻（防守）	必须	应该	可以	是	否	A	B	C
进攻（不同的位置）	必须	应该	可以	是	否	A	B	C
接发球（发飘球）	必须	应该	可以	是	否	A	B	C
接发球（跳发飘球）	必须	应该	可以	是	否	A	B	C
接发球（跳旋球）	必须	应该	可以	是	否	A	B	C
接发球（各种球队阵式）	必须	应该	可以	是	否	A	B	C
根据位置布局球员	必须	应该	可以	是	否	A	B	C
接发球进攻	必须	应该	可以	是	否	A	B	C
高球进攻	必须	应该	可以	是	否	A	B	C
转移进攻	必须	应该	可以	是	否	A	B	C
打破节奏进攻	必须	应该	可以	是	否	A	B	C
防守战术技能								
拦网（聚拢）	必须	应该	可以	是	否	A	B	C
拦网（分散）	必须	应该	可以	是	否	A	B	C
拦网（判读）	必须	应该	可以	是	否	A	B	C
拦网（承当）	必须	应该	可以	是	否	A	B	C
拦网（拥挤）	必须	应该	可以	是	否	A	B	C
拦网（挥臂）	必须	应该	可以	是	否	A	B	C
左侧拦网	必须	应该	可以	是	否	A	B	C
中位拦网	必须	应该	可以	是	否	A	B	C
右侧拦网	必须	应该	可以	是	否	A	B	C
不拦网（高球）	必须	应该	可以	是	否	A	B	C
不拦网（向下球）	必须	应该	可以	是	否	A	B	C
防守（基础姿势）	必须	应该	可以	是	否	A	B	C
防守（缝隙）	必须	应该	可以	是	否	A	B	C
球网救球	必须	应该	可以	是	否	A	B	C
界外救球	必须	应该	可以	是	否	A	B	C

步骤1	步骤4							
识别到的技术	教学优先顺序			是否准备学习		优先级别		
	必须	应该	可以	是	否	A	B	C
身体训练技能								
体能	必须	应该	可以	是	否	A	B	C
速度	必须	应该	可以	是	否	A	B	C
力量	必须	应该	可以	是	否	A	B	C
耐力	必须	应该	可以	是	否	A	B	C
灵活性	必须	应该	可以	是	否	A	B	C
快捷性	必须	应该	可以	是	否	A	B	C
平衡性	必须	应该	可以	是	否	A	B	C
敏捷性	必须	应该	可以	是	否	A	B	C
跳跃能力	必须	应该	可以	是	否	A	B	C
精神技能								
情感控制：焦虑	必须	应该	可以	是	否	A	B	C
自信	必须	应该	可以	是	否	A	B	C
成功动机	必须	应该	可以	是	否	A	B	C
集中精力的能力	必须	应该	可以	是	否	A	B	C
其他	必须	应该	可以	是	否	A	B	C
沟通技能								
传递积极消息	必须	应该	可以	是	否	A	B	C
传递准确消息	必须	应该	可以	是	否	A	B	C
听取消息	必须	应该	可以	是	否	A	B	C
理解消息	必须	应该	可以	是	否	A	B	C
受到建设性批评	必须	应该	可以	是	否	A	B	C
受到表扬和认可	必须	应该	可以	是	否	A	B	C
队友的信任	必须	应该	可以	是	否	A	B	C
教练的信任	必须	应该	可以	是	否	A	B	C
性格技能								
值得信赖	必须	应该	可以	是	否	A	B	C
尊重	必须	应该	可以	是	否	A	B	C
责任	必须	应该	可以	是	否	A	B	C
公平	必须	应该	可以	是	否	A	B	C
关爱	必须	应该	可以	是	否	A	B	C
友好	必须	应该	可以	是	否	A	B	C

来自美国运动教育计划，《排球技术和战术教学》（2011年），人体运动出版社。经许可改编自雷纳·马滕斯的《执教成功之道》（第三版）。

在赛季前，你可能需要进行一次测试。测试包括如第2章讨论的对球员的体能测试，以及一些球场技术的评估，例如发球、传球、垫球、扣球和防守技术，以评估球员的排球运动能力。你也可以通过某些类型的比赛（3对3或6对6）来观察球员在比赛中的表现，并借此评估球员的团队合作能力、沟通能力和球场感觉。

步骤3：分析自己的情况

在为赛季做准备时，你还必须考虑起到促进或局限作用的外部因素。预算和其他与资金筹集途径相关的问题将会影响到训练时间安排、训练设施、训练器材和出场时间。

政府和社区的支持将会影响到目标的设定和预期结果。教学任务将为赛季和非赛季安排设限。很明显，许多因素都会影响到你的计划。通过分析这些因素，你将发现花些时间来回答表7.2中的问题会有帮助。

步骤4：确定优先顺序

在赛季前你必须确定一套优先顺序。考虑到大部分高中球队的训练时间很有限，因此在排球教学中不可能面面俱到。此外，确定优先顺序前，你还必须考虑运动员的能力。你要通过检查表7.1列出的关键技术并进行评估，从而为赛季训练确定优先顺序。首先，你必须根据每项技术的重要性给它们标上优先顺序。你要问自己"这项技术是我必须教、应该教还是可以教的？"甚至还要问"相对于对手的水平级别，我有必要花时间教球员这项技术吗？"在"步骤2"中得出的结论在这个阶段可能会对你有帮助。最后，根据这两个因素——教学优先顺序和运动员是否准备学习，你可以在第四列给每项技术确定一个优先级别。A级的技术是你认为需要教的关键技术，因此要尽早反复教给球员。同样，你应该将B级技术尽可能多地教给球员。最后，根据球员的能力和学习进度，你可以选择是否教C级技术。

尽管你可能认为绝大部分技术都是必须教的技术，但是赛季期间的各种情况会让教某些技术变得不实用。例如，你可能会认为教中位进攻球员扣快传球非常重要，但是球员可能还未准备好或者尚未有能力学习这么难的技术。记住，你只能尝试球队在技术上能够实现的战术。

步骤5：选择教学方法

接下来，在决定哪些技术是必要的以后，你要选择在日常训练中采用的技术教学方法。这个步骤非常重要，你一定要小心实现。传统的做法涉及通过每日训练来教球员技术，期间穿插着发球和传球练习。这种方法强调技术的发展，若球员在训练中重复技术的次数越多，那么他们在比赛中运用技术的水平可能就越高。尽管这种传统的方法可能充分覆盖了各种排球技术，甚至覆盖了球队在比赛期间可能面临的一些战术情形，但它有非常重大的缺陷。首先，传统的训练课会过度强调个人技术，而且以牺牲战术为代价。其次，它通常需要你进行过多的直接指导。通常情况下，你需要先讲解再演示每项技术，然后创造一个情境让球员学习该技术。

表7.2　评估球队的情况

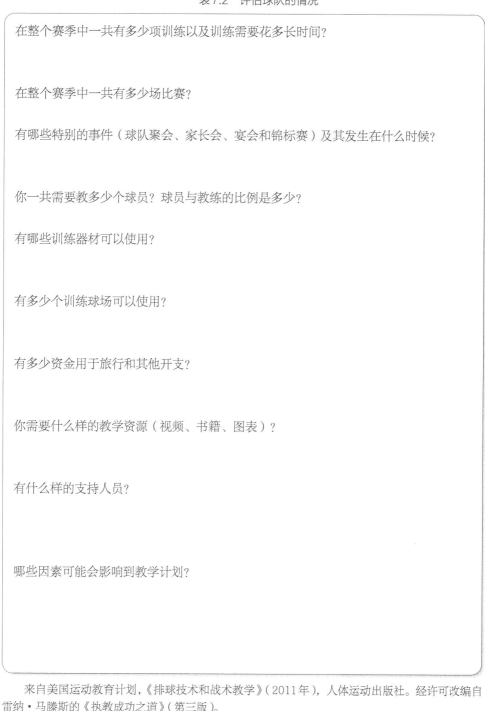

在整个赛季中一共有多少项训练以及训练需要花多长时间?

在整个赛季中一共有多少场比赛?

有哪些特别的事件（球队聚会、家长会、宴会和锦标赛）及其发生在什么时候?

你一共需要教多少个球员? 球员与教练的比例是多少?

有哪些训练器材可以使用?

有多少个训练球场可以使用?

有多少资金用于旅行和其他开支?

你需要什么样的教学资源（视频、书籍、图表）?

有什么样的支持人员?

哪些因素可能会影响到教学计划?

来自美国运动教育计划，《排球技术和战术教学》（2011年），人体运动出版社。经许可改编自雷纳·马滕斯的《执教成功之道》（第三版）。

不幸的是，排球教练喜欢参与到训练中，尤其是开始训练时，这是不推荐的。球员越多地参与到训练的组织中，他们在比赛中的表现就越好，而且教练也有更多的时间来观察训练效果并提供反馈，而不是充当训练机器。

不过最近的教育研究表明，如果球员在某个场景中学习某项技术，例如图书馆，那么他在另一个场景中运用该技术时将出现问题，例如教室。多数教练普遍存在一种认识，即认为如今的年轻球员没有排球感觉，或者没有过去的球员所具备的排球基础知识。多年以来，多数教练一直抱怨如今的球员不能对比赛场景做出反应，而且喜欢对所有东西进行抱怨。但是这不能完全归咎于外部力量。所有教练都喜欢训练，而且会尽可能亲力亲为地帮助球员学习技术。也许学习技术和在训练后执行技术只能创造操练技术的能力，而不是开发专门的技术，而且这是不能应用到比赛中的。任何球队都能够做到在训练中非常出色，但是它们能做到在比赛中也同样出色吗？

另一种更好的办法是在比赛场景中教排球技术。正如第1章所述，在比赛场景中球员能够按照职责学习技术。体育教学中的比赛场景方法就好比写作教学中的整体方法。教学生写作的传统方法包括造句练习、分析语法成分和采用不同类型的段落。采用这些技术对学生进行训练后，老师再布置题目让学生去写作。教师采用这种教学方法已经很多年了。当毕业生无法写出一篇合格的论文或者简历时，教育工作者开始质疑他们所采用的方法，并开始尝试采用新的方法，即整体方法。采用整体方法教学生写作时，学生练习写作时不用分析语法成分或句子类型甚至段落的组织。教师先通读整篇作文，然后提供改进建议，除非有必要，否则学生不用担心拼写、语法或者标点问题。这种方法强调着眼于整片森林而不是树木。

这种方法也同样适用于排球技术教学。教练不要将各项技术分解成多个组成部分，然后试图让球员将各个部分拼接起来，而应将整体的技术传授给球员，然后让他们去发现各个部分之间的联系。这使训练和比赛中实际发生的情况非常相似，而且学习也是在比赛强度下进行的。

这种方法并没有将教练从教学中隔离出去，事实上是让教练担任更加活跃和具有创造性的角色。教练必须通过塑造球员的表现来获得想要的结果，将球员的注意力转移到重要的技术上，以及通过在训练中加入各种挑战来增加球员要学习的技术。

你可以使用比赛场景方法来教几乎所有与排球相关的技术。你可以以这些技术为基础设计训练，鼓励球员在训练中进行竞争，而不是仅让球员学会发球和传球。你可以在训练发球和传球的同时提升二传手和中位进攻球员的注意力，让训练更加接近比赛。

采用这种类型的训练能让球员发迅猛的球，让对方传球出现困难，导致对方无法给中位进攻球员传快球。传球球员若专注于传完美的球，而中位进攻球员和二传手就能得到实战训练。此外，这种方法让球员有机会在模拟比赛的竞争场合中训练决策能力，以及判读形势、预期、判断和把握时机的能力。

步骤6：创建赛季计划

在步骤6中，你将简洁地描述在为赛季准备的每项训练中想要实现什么。使用通过前五个步骤归纳出来的信息，你可以描绘出整个赛季的大纲，包括训练和比赛，即赛季计划。表7.3演示了比赛场景方法的赛季计划示例，这是一个为期12周的赛季计划，其中包括两个星期的季后赛。

这个赛季计划的前三周主要致力于训练，从第四周开始让球员比赛。早期的训练更加详细和完整，但是在几场比赛后，训练计划变得更加开放，你可以重点关注在之前的比赛中出现的问题，然后据此开发新的训练项目（参见第9章）。

表7.3还演示了比赛场景下的赛季计划。尽管这个赛季计划是单独创建的，但是在创建赛季计划时，你可以运用传统方法和比赛场景方法。例如，你可能会发现用传统方法教技术更加得心应手，即在赛季的早期和每项训练的早期，让球员反复进行练习，但是随着赛季和训练的进展，你可以采用比赛场景方法。你应通过这6个步骤来制订最适合自己的球队的赛季计划，然后要确保将计划扩展为更加详细的日常训练计划。

在制订出赛季计划后，你可以通过在每项训练中加入细节来进行细化。下一章将演示良好的训练课的组成部分并提供比赛场景训练方法的示例，以帮助你顺利制订出赛季计划。

表7.3 "比赛场景法"赛季计划

时间及计划		目的	引入新技术
第1周–赛季前	训练1	确立团队和训练文化，引入基础的进攻技术	发球、接发球、传球、进攻
	训练2	复习进攻技术，引入基础的防守技术	拦网、救球
	训练3	基础的控球训练，引入基础的团队进攻战术	团队接发球阵式
	训练4	基础的控球训练，引入基础的团队防守战术	团队防守概念
	训练5	位置训练，进攻技术：发球、传球、扣球	根据位置进行训练
	训练6	位置训练，竞赛：2对2、3对3、4对4	根据位置进行训练（跟踪记录每个球员的分数）
第2周–赛季前	训练7	有前排进攻选择的团队接发球	训练二传手和进攻球员对接发球的时机把握能力，进行不同类型的发球
	训练8	有针对拦网球员的进攻选择的团队接发球	训练二传手和进攻球员观察拦网球员，训练拦网步法
	训练9	针对有进攻选择的防守	训练拦网球员和救球球员判读进攻球员，接高球和下降球训练
	训练10	团队防守和转移进攻	从拦网转移为进攻
	训练11	采用一个进攻体系和一个团队防守体系的6对6训练	团队合作概念
	训练12	采用不同队列的练习比赛（记录球员的分数）	在比赛场景中评估所有球员
第3周–赛季前	训练13	通过视频复习比赛，复习基础技术	发球、传球、垫球、扣球、拦球和救球
	训练14	位置训练，加入后排进攻选择的团队接发球	后排进攻球员
	训练15	引入紧急个人防守技术，针对进攻球员的团队防守	趴地和翻滚救球
	训练16	位置训练，针对团队防守的团队接发球	专门纠正非受迫性失误
	训练17	引入第二次团队防守	复习团队防守概念
	训练18	比赛热身、采用不同队列的练习比赛（记录球员的分数）	例行比赛热身（在比赛场景中评估所有球员）
第4周–赛季	训练19	遵循官方比赛规则的全球队练习比赛（记录球员的分数）	待定
	比赛1		
	训练20	通过视频复习比赛，针对团队防守的接发球进攻	待定
	比赛2		
	训练21	通过视频复习比赛，针对接发球进攻的团队防守	待定
	比赛3、4和5	锦标赛	

	时间及计划	目的	引入新技术
第5周－赛季	训练22	通过视频复习比赛，评估非受迫性失误（发球、接球和扣球）	待定（专门纠正非受迫性失误）
	比赛6		
	训练23	通过视频复习比赛，基础技术，位置训练，6对6训练	待定
	比赛7		
	训练24	通过视频复习比赛，基础技术，位置训练，6对6训练	待定
	比赛8、9和10	锦标赛	
第6周－赛季	训练25	通过视频复习比赛，基础技术，位置训练，6对6训练	待定
	比赛11		
	训练26	通过视频复习比赛，基础技术，位置训练，6对6训练	待定
	比赛12		
	训练27	通过视频复习比赛，基础技术，位置训练，6对6训练	待定
	训练28	基础技术，位置训练，团队概念，6对6训练	待定
第7周－赛季	训练29	基础技术，位置训练，团队概念，6对6训练	待定
	比赛13		
	训练30	通过视频复习比赛，基础技术，位置训练，6对6训练	待定
	比赛14		
	训练31	通过视频复习比赛，基础技术，位置训练，6对6训练	待定
	训练32	基础技术，位置训练，团队概念，6对6训练	待定
第8周－赛季	比赛15		
	训练33	通过视频复习比赛，基础技术，位置训练，6对6训练	待定
	比赛16		
	训练34	通过视频复习比赛，基础技术，位置训练，6对6训练	待定
	训练35	基础技术，位置训练，团队概念，6对6训练	待定
	比赛17		

时间及计划		目的	引入新技术
第9周－赛季	训练36	通过视频复习比赛，基础技术，位置训练，6对6训练	待定
	比赛18		
	训练37	通过视频复习比赛，基础技术，位置训练，6对6训练	待定
	训练38	基础技术，位置训练，团队概念，6对6训练	待定
	比赛19、20和21		
	训练39	通过视频复习比赛，基础技术，位置训练，6对6训练	待定
第10周－赛季	训练40	基础技术，位置训练，团队概念，6对6训练	待定
	比赛22		
	训练41	通过视频复习比赛，基础技术，位置训练，6对6训练	待定
	比赛23		
	训练42	通过视频复习比赛，基础技术，位置训练，6对6训练	待定
	训练43	基础技术，位置训练，团队概念，6对6训练	待定
第11周－季后赛	训练44	基础技术，位置训练，团队概念，6对6训练	待定
	比赛24	区赛	
	训练45	通过视频复习比赛，基础技术，位置训练，6对6训练	待定
	比赛25	区赛	
第12周－季后赛	训练46	通过视频复习比赛，基础技术，位置训练，6对6训练	待定
	训练47	研究即将面对的对手，基础技术，位置训练，团队概念，6对6训练	待定
	训练48	基础技术，位置训练，团队概念，6对6训练	待定
	比赛26	国家级冠军赛	

第 8 章

训练计划

要想通过训练课获得最佳的结果，你就必须对每项训练进行计划。制订出赛季计划对制订训练计划有帮助。你必须对赛季计划进行扩展，在纸上将每次训练要执行的详细内容写下来。

正如《执教成功之道》（第三版）描述的一样，每项训练计划都应该包含下列内容。

- 日期、训练开始时间和训练时长。
- 训练的目标。
- 所需的设备。
- 热身运动。
- 练习以前所教的技术。
- 教授和练习新的技术。
- 缓和运动。
- 教练评语。
- 训练评估。

借助这些内容，我们根据第7章的"比赛场景法"赛季计划开发出了8个训练计划。

有些训练项目可能会用到比较大型的设备，例如抛球机器，扣球或拦网箱，可能需要留在球场或者存在存放区。在训练计划中列出的设备没有包含所有需要的设备，而主要是那些可以每天带到场地上的设备。

注意，这些训练计划是为球员人数为10~15个、教练人数为2个的训练项目开发的。如果你的训练项目包含的人员多于或少于此数目，那么你可能需要对训练计划进行调整，以便它更符合你的需求。

请你特别关注需要所有球员学习某项技术的训练课。如果有些球员不愿意学习这些技术，而且有足够多的教练和球场空间，那么你可以让这些球员到一边去训练更加相关的技术。例如，你没有必要让二传手训练接发球或者让自由人训练进攻。

早期的训练计划将排球运动作为一个整体去关注，包括关键的战术。之后的训练计划则旨在让球员的技术变得更精准。如果球员在赛季的早期就进行了有针对性的比赛，他们很快就会发现自己的弱点，而且会更加积极地提升自己的技术水平，以便在比赛中获得更好的表现。

需要注意的是，研究表明，训练前进行静态伸展不能让球员为排球运动做好身体准备。所以，球员应该进行热身活动，以提高身体和肌肉的温度，然后根据需要再做5分钟的个人最大限度的伸展运动。只有在缓和运动和灵活性训练中才可以采用静态伸展。注意，正在因伤恢复中的球员需要在训练前进行更长时间的热身运动。

日期

8月9日

训练开始时间

下午3:00

训练时长

2小时

训练目标

- 进行团队建设
- 通过设定想让训练计划如何进行的基调建立训练文化
- 引入基础的进攻技术（发球、传球、垫球和扣球）
- 开展娱乐活动

所需设备

标准球网、垫子、标志杆、球、球车、便携式翻页计分本

时间	活动名称	说明	教学关键点
下午3:00—3:09	宣布训练搭档并进行团队建设	团队游戏：所有球员围成一圈，持球的球员向圆圈对面的球员抛球，每个人轮流抛接球一次，如此重复；教练可逐渐增加球的数量，看能保持多久球才落地	• 指定训练搭档，确保所有人在整个赛季中都有机会一起合作 • 开展娱乐活动 • 注意让球员接球和抛球给其他球员
下午3:10—3:24	热身运动	缩短距离拨球游戏：只用半个球场和球网，球在进攻线内侧进行3对3比赛；每2分钟轮换其他组的球员	• 开展热身运动 • 让球员多次接触球 • 改善球员的控球能力
下午3:25—3:29	个人伸展运动	如有必要，球员可以利用这段时间伸展身体、喝水和为下一个活动做好准备	• 让球员为下一个活动做好准备
下午3:30—3:39	搭档活动	训练搭档站在各自的进攻线上，抬高肘部采用正确的动作经过球网抛接球，连续抛接球10次，避免球落地。每轮结束后多加入一项指标。球员在接球前喊"我的"，然后移动接球，将球接到身体中部；要看着球飞入手中	• 让球员在开始训练时集中精力 • 加入指标对于游戏非常重要（沟通、观察球和移动等）

211

续表

时间	活动名称	说明	教学关键点
下午3:40—3:54	传球	蝴蝶式传球游戏：3个球员一组，首先由一个球员抛球或发球开始游戏；第一个球员将球抛过球网，第二个球员传球，而第三个球员将球垫高到目标区域（球场中间）。在轮换前每组球员必须完成5个良好的传球	• 复习从第55页开始的传球技术的关键点 • 练习在球场中保持身体水平前进和后退
下午3:55—3:59	核心训练和喝水、休息	训练搭档中的一人做20个慢速的、完全的仰卧起坐，另一个人数数，然后轮换；喝水、休息30秒；训练搭档中的一人做20个慢速的、完全的俯卧撑，另一个人数数，然后轮换	• 开发核心力量 • 喝水、休息时间就是暂停时间（30秒）
下午4:00—4:14	传球、垫球和扣球	传球、垫球和扣球：球员将球抛过球网给扣球球员，而扣球球员将球传给二传手；二传手将球垫起到进攻线上（离开球网），进攻球员扣球。扣3次球后轮换，让每个人都参与传球、垫球和扣球	• 复习从第84页开始的前臂垫球技术的关键点，从第88页开始的进攻技术的关键点 • 使用球网的两侧完成该训练
下午4:15—4:34	发球	三人行：进行3对3的比赛，每队1个球员发球，对方球队的第一个球员接发球，第二个球员垫球，而第三个球员将球扣过球网；获胜的球队停留在球场上，新的球队入场替换失败的球队	• 复习从第25页开始的发球技术的关键点 • 评估传球 • 训练球员在球场上的移动和解决问题的能力 • 记录分数，获胜方的球员加1分
下午4:35—4:39	核心训练和喝水、休息	所有球员都在底线处俯拱身体30秒，喝水、休息2分钟，所有球员在另一侧底线处俯拱身体30秒	• 开发核心力量 • 喝水、休息时间为2分钟（2次传球的间隔时间）
下午4:40—4:54	练习比赛	进行正规的6对6比赛，并记录分数；将练习比赛录下来进行回顾	• 评估技术 • 球员需要通过练习来提升水平
下午4:55—4:59	缓和运动和伸展运动	球员围成一圈，其中一人带头开始进行缓慢的伸展运动	• 让体温降低
下午5:00	简单的训练评估和宣布下一次训练的时间	让球员站立或坐下，以便能够看到所有的球员	• 对球员在训练中表现好的地方给予表扬 • 提醒球员下一次训练或团队活动的时间 • 回答问题

日期

8月10日

训练开始时间

下午3:00

训练时长

2小时

训练目标

- 进行团队建设
- 复习基础的进攻技术
- 引入基础的防守技术
- 开展娱乐活动

所需设备

标准球网、垫子、标志杆、球、球车、便携式翻页计分本

时间	活动名称	说明	教学关键点
下午3:00—3:09	宣布训练搭档并进行团队建设	按照出生日期排队：球员有3分钟时间按照出生日期沿着底线排队，期间不要说话，应通过手部动作相互沟通	• 训练球员的非语言沟通能力 • 让球员更加深入地了解队友
下午3:10—3:24	热身运动	缩短距离拨球游戏：只许用半个球场和球网，球员在进攻线内侧进行3对3比赛；每2分钟轮换其他组的球员	• 开展热身运动 • 让球员多次接触球 • 改善球员的控球能力
下午3:25—3:29	个人伸展运动	如有必要，球员可以利用这段时间伸展身体、喝水和为下一个活动做好准备	• 让球员为下一个活动做好准备
下午3:30—3:39	搭档活动	训练搭档站在各自的进攻线上，抬高肘部采用正确的动作经过球网抛接球，连续抛接球10次，避免球落地。每轮结束后多加入一项指标。球员在接球前喊"我的"，然后移动接球，将球接到身体中部；要看着球飞入手中	• 让球员在开始训练时集中精力 • 加入指标对于游戏非常重要（沟通、观察球和移动等）

续表

时间	活动名称	说明	教学关键点
下午3:40—3:54	扣球和防守1	球员进行2对3练习。对于球队A，一个救球球员站在对方球队的进攻球员的延长线上，而球队A的另一个球员将球发过网，开始比赛。球队B的一个传球球员将球传给二传手，后者将球垫高给左前方的扣球球员。扣球球员向球队A的救球球员的方向扣球。在连续两次良好扣球和防守后，轮换各个位置上的球员	• 复习从第88页开始的进攻技术的关键点，以及从第114页开始的救球技术的关键点 • 将球垫起到距离球网0.9米处，让扣球球员挥臂时不要接触到球网 • 扣球球员双脚靠近球，直到球位于击球侧肩膀的前方，然后扣球 • 扣球球员的手臂随球动作要朝向对方的救球球员 • 救球球员开始时处于基础位置，然后移动到防守位置，并将球救起到球场的中间 • 救球球员要学会判读对方进攻球员的意图
下午3:55—3:59	核心训练和喝水、休息	所有球员在底线处俯拱身体30秒，喝水、休息2分钟；所有球员在另一侧底线处俯拱身体30秒	• 开发核心力量 • 喝水、休息时间为2分钟（2次传球的间隔时间）
下午4:00—4:14	拦网	循环拦网：球员和训练搭档站立或坐在地面上，然后做出各种拦网身体姿势；每个球员将每个姿势保持15秒 1. 球员站立，搭档检查其手掌和手指是否张开。轮换 2. 球员站立，搭档检查其手掌和手指是否张开，手腕是否坚挺。轮换 3. 球员站立，搭档检查其手掌和手指是否张开，手腕是否坚挺，是否伸臂并高举在头顶上，肩膀是否保持结实。轮换 4. 球员以仰卧起坐姿势躺在地板上，搭档检查其手掌和手指是否张开，手腕是否坚挺，是否伸臂并高举在头顶上，肩膀是否保持结实。轮换 5. 球员躺在地板上，双腿伸直，身体处于屈体姿势，搭档检查其手掌和手指是否张开，手腕是否坚挺，是否伸臂并高举在头顶上，肩膀是否保持结实。轮换 拦球起跳：让球员在球场上排成3列，第一排的3个人站在球网前处于准备拦网姿势。让他们使用刚学到的正确技术执行3次拦网起跳，完成后回到队列的末尾	• 复习从第108页开始的拦网技术关键点 • 观察技巧

续表

时间	活动名称	说明	教学关键点
下午4:15—4:34	扣球和防守2	球员进行3对3比赛。对于球队A，一个救球球员在另一个球队的进攻球员的直线方向上，另一个救球球员在该进攻球员的斜线方向上。球队A的第三个球员充当拦网球员，而且必须保护球场的中部，阻止另一个球队的进攻球员向该区域扣球。球队A将球发过球网，让球进入比赛中。球队B的一个传球球员将球传给二传手，后者将球垫高到扣球球员的左前方。扣球球员直线或斜线将球扣向球队A的救球球员之一。在连续进行两次良好的扣球和防守后，轮换每个球员的位置。使用两个球场让所有球员都参与进来	• 复习从第88页开始的进攻技术的关键点，从第108页开始的拦网技术的关键点，以及从第114页开始的救球技术的关键点 • 将球垫到距离球网0.9米处，让扣球球员挥臂时不要接触到球网 • 扣球球员双脚靠近球，直到球位于击球侧肩膀的前方，然后扣球 • 扣球球员的手臂的随球动作要直线或斜线指向对方的救球球员 • 救球球员开始时处于基础位置，然后移动到球场中的防守位置，并将球救起到球场的中间 • 拦网球员专注于在恰当的时机将手伸过球网 • 救球球员站在拦网球员周围，以便看到对方的扣球球员和球 • 拦网球员和救球球员喊出他们根据对扣球球员的判读得到的球的运动方向
下午4:35—4:39	核心训练和喝水、休息	所有球员在底线处俯拱身体30秒，喝水、休息2分钟；所有球员在另一侧底线处俯拱身体30秒钟	• 开发核心力量 • 喝水、休息时间为2分钟（2次传球的间隔时间）
下午4:40—4:54	练习比赛	进行常规的6对6比赛。在比赛期间将球拦住或者救起到目标区域（球场中间）额外加分	• 复习发球、传球和扣球的技术关键点 • 评估球员需要用到的技术
下午4:55—4:59	缓和运动和伸展运动	球员围成一圈，其中一人带头开始进行缓慢的伸展运动	• 让体温降低
下午5:00	简单的训练评估和宣布下一次训练的时间	让球员站立或坐下，以便能够看到所有的球员	• 对球员在训练中表现好的地方给予表扬 • 提醒球员下一次训练或团队活动的时间 • 回答问题

日期

8月11日

训练开始时间

下午3：00

训练时长

2小时

训练目标

- 进行团队建设
- 复习基础的防守技术
- 引入基础的团队进攻
- 防止接发球时球员的位置重叠
- 确定接发球责任
- 确定扣球球员的扣球范围
- 开展娱乐活动

所需设备

标准球网、垫子、标志杆、球、球车、便携式翻页计分本

时间	活动名称	说明	教学关键点
下午3：00—3：09	宣布训练搭档并进行团队建设	背对背交流：训练搭档背对背坐在地板上，其中一人面向教练，另一人背向教练，手里拿着一张纸和一支笔。教练手里拿着一张画着不同图案的纸。一个球员向另一个球员描述纸上的图案，后者试图将它画出来。球员一共有2分钟时间来完成该任务，然后互换角色，使用不同的图案完成该任务	● 让球员学会清楚、有针对性地进行交流 ● 让球员学会认真倾听 ● 让球员学会如何更好地与队友和教练进行交流
下午3：10—3：24	热身运动	球员进行3对3练习，使用半个球场和所有的球网。一个球员将球抛起后击过球网，然后是救球、垫球和站立将球扣过球网。按照这种顺序连续训练2分钟	● 开展热身运动 ● 让球员多次接触球 ● 改善球员的控球能力 ● 让球员观察从球网扣过来的球 ● 让球员移动到良好的位置去接触球
下午3：25—3：29	个人伸展运动	如有必要，球员可以利用这段时间伸展身体、喝水和为下一个活动做好准备	● 让球员为下一个活动做好准备

时间	活动名称	说明	教学关键点
下午3:30—3:39	6人散布	所有球员都在球场的同一侧,按照平常的位置分散开,但两个外侧球员除外,他们背向球网并面向后排的队友。这两个球员作为扣球球员,而在前排中间的球员将救起的球垫给球网附近的其中一个扣球球员。球场上的其他球员观察形势并将球垫起给二传手。可以一直这样持续下去,直到救起一定数量的球。球队进行位置轮换,让每个球员都轮过所有位置或者在每个位置待上一定的时间(如1分钟)	● 在开始时让球员位于球场上的基础防守位置 ● 防守球员需要分析球的动态并喊出他们认为对方要扣球的位置 ● 多给球员提供机会学习控制扣球、救球和垫球 ● 确保在球场上有大量判读形势的动作和防守动作
下午3:40—3:54	15个完美的传球	将球队分为两组。其中一组为发球球队,另一组为传球球队。对于传球球队,3个球员入场,一个作为二传手,其余的沿着边线内侧等候。发球球队的球员将球发过网,3个传球球员之一必须接球并将球传给二传手。传球球员每次将球完美地传给二传手得1分,如果对方发球得分或者己方将球传到球网的另一侧,则扣1分。球传给二传手后,后者将球垫高至球场的左侧或右侧,而沿着球场边线等候的球员可以将球收集起来。目标是传15个完美的球。如有需要可以从更少的球数开始	● 复习从第25页开始的发球技术的关键点,以及从第55页开始的传球技术的关键点 ● 确保发球具有进攻性,但是要避免出现过多发球失误 ● 使用便携式翻页计分本记录分数或传得好的球数
下午3:55—3:59	核心训练和喝水、休息	做仰卧起坐30秒;喝水、休息2分钟;所有球员在另一侧的底线处做完整的俯卧撑30秒	● 开发核心力量 ● 喝水、休息时间为2分钟(2次传球的间隔时间)
下午4:00—4:29	进攻球队的概念	根据将要使用的球队防守阵式(5-1和4-2阵式等)将整个球队部署到球场上,然后确定球队的接发球模式(3或4个传球球员)。让进攻方的球员向球网的另一侧发一个好接的球,使防守方的二传手能够转换进入目标位置并将球垫起给扣球球员之一。在防守方连接5个球后轮换球员的位置,直到他们回到开始位置	● 讨论接发球的重叠争球 ● 讨论接发球的缝隙责任 ● 讨论扣球球员的责任范围

续表

时间	活动名称	说明	教学关键点
下午4:30—4:34	核心训练和喝水、休息	所有球员在底线处以半蹲姿势保持30秒，喝水、休息2分钟；所有球员在另一侧底线处做前弓箭步30秒	• 锻炼腿部力量 • 喝水、休息时间为2分钟（2次传球的间隔）
下午4:35—4:54	练习比赛	进行常规的6对6比赛并记录分数。决定比赛的关注点，例如就扣球球员可以利用的空隙进行交流或保护扣球球员等	• 评估技术 • 通过视频记录练习比赛，并记录分数（发球、传球和扣球等） • 让球员在比赛场景中进行训练，以提高其技术水平
下午4:55—4:59	缓和运动和伸展运动	球员围成一圈，其中一人带头进行缓慢的伸展运动	• 让体温降低
下午5:00	简单的训练评估和宣布下一次训练的时间	让球员站立或坐下，以便能够看到所有球员	• 对球员在训练中表现好的地方给予表扬 • 提醒球员下一次训练或团队活动的时间 • 回答问题

日期

8月12日

训练开始时间

下午3:00

训练时长

2小时

训练目标

- 进行团队建设
- 复习基础的团队进攻
- 进行基础的控球训练
- 引入基础的团队防守
- 开展娱乐活动

所需设备

标准球网、垫子、标志杆、球、球车、便携式翻页计分本

时间	活动名称	说明	教学关键点
下午3:00—3:09	宣布训练搭档并进行团队建设	给每个球员分发包含一系列问题的问卷让其回答,例如最喜爱的食物、最喜爱的音乐和在学校中最喜爱的科目等	● 让球员更多地了解队友
下午3:10—3:24	热身运动	缩短距离拨球游戏:只许用半个球场和球网,球员在进攻线的内侧进行3对3比赛;每2分钟轮换其他组的球员	● 开展热身运动 ● 让球员多次接触球 ● 改善球员的控球能力
下午3:25—3:29	个人伸展运动	如有必要,球员可以利用这段时间伸展身体、喝水和为下一个活动做好准备	● 让球员为下一个活动做好准备
下午3:30—3:39	3个后排球员与二传手	球员分成5人一组的小组,其中3个球员位于后排(在进攻线后面),一个球员作为二传手。另外一个球员将球发过球网,后排的3个球员之一将球救起给二传手,而该二传手可以将球轻扣过网或者垫回给后排的3个扣球球员之一,由后者将球扣过网。如果球员救球、垫球和扣球失误,教练再给他们一个球,让他们有机会熟练掌握该技术。其他球员站在边线上帮助捡球,并在教练的指示下入场	● 当教练给他们定一个球时,球员就有机会体验成功 ● 复习第3~4章提到的发球、传球、垫球、扣球等技术的关键点 ● 训练所有球员的转换动作

时间	活动名称	说明	教学关键点
下午3:40—3:54	进攻球队概念复习	重复前一天的训练内容，复习所有概念	• 复习接发球的重叠争球 • 复习接发球的缝隙责任 • 复习扣球球员的责任范围
下午3:55—3:59	核心训练和喝水、休息	所有球员在底线处做侧向弓箭步30秒，喝水、休息2分钟；所有球员在另一侧底线处缩腿跳跃30秒	• 锻炼腿部力量 • 喝水、休息时间为2分钟（2次传球的间隔时间）
下午4:00—4:29	防守球队的概念	将6个球员部署到球场上，在讲解相关概念时让他们移动；让前后球员交换位置。可以将球场外的球员轮换到球场内，或者让球场外的球员模仿动作。让一个球员将球抛过球网，然后将球救起到目标区域（球场中间）。如果防守方准备好从防守转换成进攻，那么他们应将球挡过球网	• 教团队布局防守的概念（第162页） • 讨论基础姿势 • 讨论在拦网球员周围布局 • 讨论缝隙责任 • 讨论追球规则（追逐每个球）
下午4:30—4:34	核心训练和喝水、休息	所有球员在底线处俯拱身体30秒，喝水、休息2分钟；所有球员在另一侧底线处仰拱身体30秒	• 开发核心力量 • 喝水、休息时间为2分钟（2次传球的间隔时间）
下午4:35—4:54	6对6洗牌训练	进行正规的6对6比赛。第一轮赢得比赛的球队必须赢得高球比赛才能得分并轮换位置。如果他们未赢得高球比赛，则称为"洗牌"，两个球队都不轮换球员的位置。轮换次数最多的球队获得最终胜利	• 评估技术 • 球员需要通过比赛提升技术水平
下午4:55—4:59	缓和运动和伸展运动	球员围成一圈，其中一人带头开始进行缓慢的伸展运动	• 让体温降低
下午5:00	简单的训练评估和宣布下一次训练的时间	让球员站立或坐下，以便能够看到所有球员	• 对球员在训练中表现好的地方给予表扬 • 提醒球员下一次训练或团队活动的时间 • 回答问题

日期

8月13日

训练开始时间

下午3:00

训练时长

2小时

训练目标

- 进行团队建设
- 进行位置训练
- 复习进攻技术（发球、传球和扣球）
- 复习基础团队防守
- 开展娱乐活动

所需设备

标准球网、垫子、标志杆、球、球车、便携式翻页计分本

时间	活动名称	说明	教学关键点
下午3:00—3:09	宣布训练搭档并进行团队建设	人结：球员肩并肩站在一起，形成一个圆圈。每个球员都将一只手放在圆圈的中心并拉住另一个球员的手。现在，球员试图从人群中解脱出来，而且不放手。如果正确操作，那么球员在解脱后仍会形成一个圆圈	● 教球员如何合作 ● 加强球队对沟通、领导、解决问题、团队协作、信任和坚持的理解
下午3:10—3:24	向目标区域传高球	球员在底线后面排成3列并进入球场中，传从球网过来的高球。队列前面的球员完成传球后依次轮下去。球员要将球传过球网。一列完成传球后，该列球员需要慢跑到最后一列的后面，再进入球场接另一个高球。训练目标是球队向目标区域传20个漂亮的球	● 开展热身运动 ● 让球员多次接触球 ● 改善球员的控球能力
下午3:25—3:29	个人伸展运动	如有必要，球员可以利用这段时间伸展身体、喝水和为下一个活动做好准备	● 让球员为下一个活动做好准备

续表

时间	活动名称	说明	教学关键点
下午3:30—3:39	过网、斜扣、分散部署	进行3对3比赛，仅使用半个球场和整个球网。一方将球抛起斜扣过网，另一方救球、垫球和站立斜扣过网。按这种方式连续进行2分钟	• 训练球员判读飞过球网的球的能力 • 让球员移动到好位置去接球 • 改善球员的斜线扣球和救球能力
下午3:40—3:54	位置训练	中位球员、自由人和二传手在球场上训练对垫球时机的把握。一个球员将球发给球网对面的自由人，后者将球传给二传手。中位球员从球网附近的接发球位置向球网移动，在靠近球网后将球扣到拦网球员周围。中位球员轮换拦网和扣球角色，而且在尝试5次扣球、5次拦球之后进行换位 外侧进攻球员和防守球员在另一个球场上以3人一组的形式练习发球和传球	• 二传手要关注将球传给中位和外侧进攻球员的时机 • 训练外侧进攻球员和防守球员的发球和接发球 • 每个球场有一个教练带领小组进行训练
下午3:55—3:59	核心训练和喝水、休息	所有球员在底线处做完整的俯卧撑姿势并保持30秒，喝水、休息2分钟；所有球员在另一侧底线处做完整的俯卧撑姿势并保持30秒	• 开发上半身和核心力量 • 喝水、休息时间为2分钟（2次传球的间隔时间）

续表

时间	活动名称	说明	教学关键点
下午4:00—4:29	6对4防守	进行6对4比赛，6人队为球队A，打防守；4人队为球队B，包括3个扣球球员和1个二传手，打进攻。球队A将球发给球队B，3个扣球球员之一将球传过二传手，后者将球轻扣过网，或者垫起球，然后让其中一名扣球球员将球扣过网。球队A试图拦球或将球救到目标区域（球场中间），这样可以得1分。球队B进攻成功得1分。在获得5分后轮换球员	● 复习团队防守概念 ● 防守球队训练判读形势、移动、拦网和将球救起 ● 球可以出界，但是如果成功将球救起到目标区域则得1分
下午4:30—4:34	核心训练和喝水、休息	所有球员在底线处俯拱身体30秒，喝水、休息2分钟；所有球员在另一侧底线处仰拱身体30秒	● 开发核心力量 ● 喝水、休息时间为2分钟（2次传球的间隔时间）
下午4:35—4:54	练习比赛	进行正规的6对6比赛并记录分数。不管是进攻球员还是防守球员，都要给他们设置一些重点内容	● 通过视频评估技术 ● 球员需要通过比赛提升技术水平
下午4:55—4:59	缓和运动和伸展运动	球员围成一圈，其中一人带头开始进行缓慢的伸展运动	● 让体温降低
下午5:00	简单的训练评估和宣布下一次训练的时间	让球员站立或坐下，以便能够看到所有球员	● 对球员在训练中表现好的地方给予表扬 ● 提醒球员下一次训练或团队活动的时间 ● 回答问题

日期

8月14日

训练开始时间

下午3:00

训练时长

2小时

训练目标

- 进行团队建设
- 进行位置训练
- 开展比赛（2对2和4对4）
- 开展娱乐活动

所需设备

标准球网、垫子、标志杆、球、球车、便携式翻页计分本、宾戈卡片和铅笔

时间	活动名称	说明	教学关键点
下午3:00—3:09	宣布训练搭档并进行团队建设	多人进行"宾戈"游戏：教练用25张卡片摆成5×5的方形，每张卡片包含一种有趣的个人新鲜事，通过这25种特征来描述每个球员与教练分享的新鲜事，而这是其他球员可能不知道的（例如打邦戈鼓、曾经在瑞典生活、获得过空手道比赛奖杯、获得过科技博览会奖）。球员有5分钟时间来猜哪个球员对应哪种特征，然后将其名字放在对应的方格中。首先填完一横行或纵行5格的球员喊"宾戈"，游戏结束	• 让球员学习、了解队友的新鲜事
下午3:10—3:24	轮换接球	一个球员站在球网的一侧，而且有一筐球。其他球员沿着其中一条边线排成一队。站在另一侧球网前的球员将球轻拨过网，而对面队列中的第一个球员向前移动接球，然后将球传到目标区域（球场中间）并慢跑回到队列的末尾。在10次良好地将球传到目标区域后，让球员移动到另一条边线上，并替换另一侧球网前的球员	• 开展热身运动 • 让球员多次接触球 • 改善球员的控球能力 • 让球员双脚站立接球 • 让球员学习将球传到球场中间所需的胳膊角度

续表

时间	活动名称	说明	教学关键点
下午3:25—3:29	个人伸展运动	如有必要，球员可以利用这段时间伸展身体、喝水和为下一个活动做好准备	● 让球员为下一个活动做好准备
下午3:30—3:49	位置训练	中位球员、自由人和二传手在球场上共同协调传球时间。首先，一个球员将球传过球网给自由人，后者将球传给二传手。中位球员从球网附近的接发球位置远离球网，并将球从拦网球员周围扣下。中位球员在每5次扣球或拦网后轮流转换角色，外侧球员和防守球员在另一个球场上以3人一组的形式练习发球和传球，中位球员和外侧球员在10分钟后轮换位置。这样，外侧球员就可以和二传手一起配合，而中位球员可以在另一个球场上训练拦网步法	● 二传手要专注于把握将球传给中位和外侧扣球球员的时机 ● 训练外侧扣球球员和防守球员的发球和接发球技术 ● 每个球场上只有一个教练带领小组进行练习
下午3:50—3:54	核心训练和喝水、休息	所有球员在底线处左拱身30秒，喝水、休息2分钟；所有球员在另一侧底线处右拱身30秒	● 开发核心力量 ● 喝水、休息时间为2分钟（2次传球的间隔时间）
下午3:55—4:19	2对2比赛	在所有可用的球场上进行2对2比赛。在球网中间放一根标志杆并在球场上贴上地板胶带，将球场变窄。连续进行比赛直到一组得到7分	● 进行循环比赛 ● 记录每组的胜负 ● 需要在控球上练习更多的球员将会取得明显进步
下午4:20—4:24	核心训练和喝水、休息	所有球员在底线处做转体仰卧起坐30秒，喝水、休息2分钟；所有球员在另一侧底线处做俯卧撑30秒	● 开发核心力量 ● 喝水、休息时间为2分钟（2次传球的间隔时间）
下午4:25—4:54	4对4比赛	从2对2比赛中挑选出获胜的球员，然后将他们合并组成四人组。连续比赛直到一组获得10分，然后让球场上的球员互换角色	● 进行循环比赛 ● 记录每组的胜负
下午4:55—4:59	缓和运动和伸展运动	球员围成一圈，其中一人带头开始进行缓慢的伸展运动	● 让体温降低
下午5:00	简单的训练评估和宣布下一次训练的时间	让球员站立或坐下，以便能够看到所有球员	● 对球员在训练中表现好的地方给予表扬 ● 提醒球员下一次训练或团队活动的时间 ● 回答问题

日期

8月15日

训练开始时间

下午3:00

训练时长

2小时

训练目标

- 进行团队建设
- 练习控球
- 开展小组比赛
- 练习前排进攻有选择余地的团队接发球
- 开展娱乐活动

所需设备

标准球网、垫子、标志杆、球、球车、便携式翻页计分本

时间	活动名称	说明	教学关键点
下午3:00—3:09	宣布训练搭档并进行团队建设	集合游戏：教练喊出一个介于2和球队球员总数之间的数字。球员听到命令后要按照喊出的数字马上组成球队（例如，喊"4"时球员要快速组成四人组）；未能组成球队的零散球员做5个仰卧起坐。喊不同的数字让球员反复组成球队，连续进行几分钟	• 球员要对教练喊出的数字做出快速响应 • 球员要快速遵照指令执行
下午3:10—3:24	热身运动	缩短距离拨球游戏：只许用半个球场和球网，球员在进攻线内侧进行3对3比赛；每2分钟轮换其他组的球员	• 开展热身运动 • 让球员多次接触球 • 改善球员的控球能力 • 让球员学习围绕球网移动
下午3:25—3:29	个人伸展运动	如有必要，球员可以利用这段时间伸展身体、喝水和为下一个活动做好准备	• 让球员为下一个活动做好准备
下午3:30—3:39	热身扣球运动	3个球员在球场的一侧的进攻线处开始练习。他们将球抛起在球网附近，然后接近球并扣球，连扣5个球后换人。其他球员在球场的另一侧捡球，让球从球网底下滚过去	• 让球员用击球的那只手将球抛向球网方向 • 球员应完全接近球，再将球扣过球网 • 球员应跳起并弯曲手腕拍在球上，并将球扣下
下午3:40—3:54	3对3比赛	在所有可以使用的球场上进行3对3比赛。持续比赛直到一方得到10分，然后轮换球队	• 持续进行比赛 • 记录各个球队的胜负 • 让球员练习不同的发球类型

时间	活动名称	说明	教学关键点
下午3:55—3:59	核心训练和喝水、休息	所有球员在底线处做侧弓箭步30秒，喝水、休息2分钟；所有球员在另一侧底线处做前弓箭步30秒	• 开发下半身的力量 • 喝水、休息时间为2分钟（2次传球的间隔时间）
下午4:00—4:19	1分钟传球	1个球员做好在球场的4个底角之一上发球的准备，有人专门供球，而且每个球场有一个传球球员接发球。首先，发球球员将球发给球网另一侧的传球球员。传球球员尝试传球，然后以低姿势快速拖步移动到另一条边线。发球球员在传球球员传完球后发下一个球，连续进行1分钟，然后轮换其他球员。持续进行训练，直到每个球员作为传球球员4次	• 复习从第3章开始的发球和传球技术的关键点 • 让教练或一个球员观察球网两侧的目标区域（球场中间），并记录每个传球球员传得很好的球的个数 • 记录传球球员的传球数 • 传球球员必须集中精力对付每个发球，并在每次传球后保持低姿势拖步移动
下午4:20—4:24	核心训练和喝水、休息	所有球员在底线处俯拱身体30秒，喝水、休息2分钟；所有球员在另一侧底线处仰拱身体30秒	• 开发核心力量 • 喝水、休息时间为2分钟（2次传球的间隔时间）
下午4:25—4:54	团队接发球	让球队均匀散开。进行6对6比赛，其中一个球队在5次接发球中得3分就轮换球队。在这个小局中失败的发球球队或接球球队要在球场外做5个仰卧起坐、俯卧撑或者蹲跳才能回到球场上继续比赛。在轮换中让每个球队参与2~3次比赛，让他们得到充分的训练	• 评估技术 • 记录发球、传球和扣球数据，并分析什么样的进攻选择效果最好 • 通过视频观看练习比赛
下午4:55—4:59	缓和运动和伸展运动	球员围成一圈，其中一人带头开始进行缓慢的伸展运动	• 让体温降低
下午5:00	简单的训练评估和宣布下一次训练的时间	让球员站立或坐下，以便能够看到所有球员	• 对球员在训练中表现好的地方给予表扬 • 提醒球员下一次训练或团队活动的时间 • 回答问题

日期

8月16日

训练开始时间

下午3:00

训练时长

2小时

训练目标

- 进行团队建设
- 练习控球
- 练习有进攻选择的团队接发球并确定拦网球员和救球球员
- 开展娱乐活动

所需设备

标准球网、垫子、标志杆、球、球车、便携式翻页计分本

时间	活动名称	说明	教学关键点
下午3:00—3:09	宣布训练搭档并进行团队建设	让球员花时间讨论球队的赛季目标，并列出为了实现该目标每个人都要做的5件事情	<ul><li>专注于赛季目标</li><li>弄明白如何才能实现赛季目标</li><li>在训练中提醒球员球队的赛季目标</li></ul>
下午3:10—3:24	热身运动	缩短距离拨球游戏：只许用半个球场和球网，球员在进攻线的内侧进行3对3比赛；每两分钟轮换其他组的球员	<ul><li>开展热身运动</li><li>让球员多次接触球</li><li>改善球员的控球能力</li></ul>
下午3:25—3:29	个人伸展运动	如有必要，球员可以利用这段时间伸展身体、喝水和为下一个活动做好准备	<ul><li>让球员为下一个活动做好准备</li></ul>
上午3:30—3:54	控球技巧练习比赛	球队A的球员首先从防守开始，将球传过球网给球队B，如果球传得好，球队B的二传手就能将球垫起给扣球员，而扣球员将球轻拨过网，落到球队A的球场上，球队A的球员则试图接球并将球完美地传给己方的二传手。如此重复进行。如果任何一队未能正确地将球传给二传手，教练就叫停并重新开始训练。每个球队进行3～5次传球后，让前排和后排队员轮换位置。此外，教练还可以让球员为扣球员提供适当的保护，提高训练难度	<ul><li>训练球员对慢球的控制能力</li><li>训练球员在判读对方的扣球员的同时在球场上敏捷地移动的能力</li></ul>

续表

时间	活动名称	说明	教学关键点
下午3:55—3:59	核心训练和喝水、休息	所有球员在底线处左拱身30秒，喝水、休息2分钟，所有球员在另一侧底线处右拱身30秒	• 开发核心力量 • 喝水、休息时间为2分钟（2次传球的间隔时间）
下午4:00—4:29	进攻选择和拦网球员	将进攻球员分成3列，让其站在球网附近。当球过网，传球球员将球传给二传手，而二传手将球垫起后，进攻球员就离开球网开始扣球。进攻球员必须对着对方的拦网球员和救球球员扣球	• "仅让球队执行技术上可行的战术"，在这里就能很好地体会到这句话的意思 • 复习垫球的位置和对进攻时机的把握
下午4:30—4:34	核心训练和喝水、休息	所有球员在底线处做仰卧起坐30秒，喝水、休息2分钟，所有球员在另一侧底线处做俯卧撑30秒	• 开发核心力量 • 喝水、休息时间为2分钟（2次传球的间隔时间）
下午4:35—4:54	3对5比赛	将球员组织起来进行3对5比赛。接发球球队必须在发球球队得5分前通过接发球得3分。当接发球球队得到3分时，其球员轮换位置并继续进行接发球和防守。失败的球队必须马上接受处罚，例如快速跑到对面的墙下，或者做10个蹲跳或10个弓箭步	• 评估技术 • 记录特定技术的数据（发球、传球和扣球等）
下午4:55—4:59	缓和运动和伸展运动	球员围成一圈，其中一人带头开始进行缓慢的伸展运动	• 让体温降低
下午5:00	简单的训练评估	让球员站立或坐下，以便能够看到所有球员	• 对球员在训练中表现好的地方给予表扬 • 回答问题

第 5 部分

比赛教学

你可以计划让球员整天进行训练，但是如果他们在比赛期间不能发挥最佳水平，那么这样的计划有什么用呢？第5部分将帮助你在比赛情境中训练球员，让他们做好比赛准备。

第9章将教你如何在比赛之前就做好准备，包括沟通、观察对手和制订比赛计划等。第10章将教你如何让球员在赛前、赛中和赛后做好准备，包括例行的赛前热身运动、球员替换规则和教练可能要实施的战术改变等。

充分做好所有准备，尤其是教练和球员都做好了接受挑战的准备之后，赛季会变得真正激动人心。

为比赛做好准备

球队在比赛中的表现好坏反映出训练期间的准备工作做得是否充分。做好充分准备的球队在比赛中会表现得更稳健、有序、高效，一开局就能发起强势进攻，并且能够高效处理关键局面，因为球员已经针对这些技术和局面进行过训练和准备。如果赛前有效地执行了训练准备工作，那么比赛期间教练就可以坐在凳子上观察，及时提供建议和反馈。下面是教练和球员在准备比赛时需要考虑的事情。

沟通

教练必须在各个方面都能进行良好的沟通，包括与球员、家长、全体教练、裁判、社区和媒体进行沟通。教练必须注意到非口头沟通，因为它甚至和语言交流一样重要。教练要尽量保持积极的沟通态度，给球员提供鼓励。如果作为教练的你能够让球队获得更多的自信，那么球员就会更加尽力地去比赛。

球员

恰当的沟通方式在训练的过程中能起到鼓舞球员的作用。如果球员变成了合作伙伴且自身的发展取得了进步，那么教练就不仅仅是一个培训者，还是一个促进者。球员参与学习过程对于适应比赛场景非常重要，而比赛场景法又是极为重要的教学方法。尽管要塑造和提升比赛表现水平很难，而且需要一些时间和耐心来让球员消化、巩固学习过程，但这最终会取得更大的成效，因为它让球员掌握了自己的能力发展过程。重要的是，你一开始就要问球员许多问题，但是不要马上提供答案，而是让球员经历思考过程。实际上，这是一种更加聪明的教学方法，而且会让球队的反应变得更加灵敏。

作为沟通过程的一部分，你可能需要将球队所有的教学理念整理成手册，包括赛季计划、赛季练习计划、基础技术、进攻和防守体系、赛季训练计划、排球术语和各种战术。在训练开始前的数周将这些资源分发给球员。手册不要太厚，因为内容越多，球员看它的可能性就越低。不管是在个人还是团队方面，你都应该经常和球员交谈，尤其是单独交谈，鼓励他们通读训练手册；或者使用环扣将手册的各页合并在一起，以便可以在整个赛季中不断添加新内容。

在赛季开始之前，你应该准备一个预期表，将希望球员做的事情简要地逐项列出。术语"预期表"比术语"总则表"要好，因为后者听起来比较严厉。"预期"传达给球员的信息是他们能够主宰自己。你必须在日常生活中不断强化球队要实现的预期结果，使之转化成球队的第二天性。任何违反纪律的行为都应该马上被进行公正处理。你对所有球员必须一视同仁，新手球员和替补球员没什么两样。强烈建议你让球队的所有球员参与决定预期表的内容和球队的规则。球员更愿意遵守自己参与制订和信任的规则。

此外，选择正确的球队队长对于球队的成功非常关键。让球队了解队长的职责很重要，你应该让球员将自己喜欢谁当队长以及为什么选他当队长的理由写下来。队长要想让队员追随和服从，就必须具有"个人魅力"。如果队长具备很强的个人魅力，就能够帮助你与球队其他成员进行沟通。不过，某个球员仅仅是技术优秀或者受到队员的喜爱并不意味着他就可以成为好队长。你需要花时间培养和训练队长。花时间从比较年轻的球员中物色队长候选人，因为随着他们的成长，你要确保为他们打下了良好的基础。你要郑重地告诉队长，他们的主要职责是帮助队友变成更好的球员。你可以向队长展示实现该目标的各种方法，例如鼓励队友、帮助队友训练技术、支持队友以及建立良好的训练习惯。

家长

赛季期间，除了许多学校赞助的见面会之外，在赛季开始之前，你还应该安排一场所有球员与家长的见面会。在赛季开始前的数周，你要给每个球员的家长寄一封邮件，并附上"敬请回复"字样。这种私人联系将会激发家长的兴趣，让他们觉得该活动很有价值。此外，你还要给负责人、校长和主任发出特殊的邀请函，他们应该到场解释学校的政策、运动员守则和学校的总体问题。

你应为这次见面会准备一个日程表，以确保它能够有条不紊地进行，向家长传达出你的优秀组织能力。除了制订日程表之外，你应该准备好描述家长的角色的材料，并将它分发给家长、球员和教练。家长也希望帮助孩子取得进步，因此阐述教练和家长之间的交流方法非常重要。举办目标明确的会议有助于与家长建立良好的关系。在整个赛季中，教练要和所有家长保持定期联系。

全体教练

教练总是需要与助教保持沟通。在每个赛季开始之前，你都应该举行一个要求全体教练参与的正式会议，简要说明当前赛季的期望和各自的职责。你可以讨论你的教学理念、期望以及想要强调的特定技术，尤其是与上赛季相比发生了哪些变化或者是否有新的教练加入。你应该帮助助教或志愿教练明确其职责，包括如何与家长打交道等。助教应该总是能够快速注意到违反纪律的球员，然后关注他们。助教应该让主教练随时了解到球员的情况。忠诚于主教练的教练队伍才是最好的。尽管教练之间私下里可能有分歧，但是在球员和家长的面前务必展现出团结一致的形象。你应考虑任用组织球队的方式与你不一样的助教。他们在许多方面可能会发挥非常重要的作用，而且即使不在球场上时，他们可能也乐于与球队分享他们的经验。

裁判

教练还必须与裁判保持良好的沟通。你必须尊重作为专家的组织者，即使他们犯了错误。如果你对判定有疑问，请恭敬地慢步接近裁判。如果根据规则，你不被允许直接与裁判对话，那你应确保球队的队长要尊敬裁判。球员、家长甚至球迷都要养成尊重裁判的习惯，因为大部分州和运动协会都提供裁判评分渠道，你可以通过该途径表达对裁判的称赞或意见。

社区和媒体

与社区和媒体打交道则要求你是一位沟通能手。你每天都应按照常态说话，如果你变得慌乱或者容易消极，球员可能也是这种态度。如果你保持镇定，球员也会保持冷静。通过保持镇定自若的神态，你可以向球员传递一种在压力之下的稳妥掌控能力，哪怕是在激烈的挑战情形下。

你应该随和地对待新闻媒体，而且要教球员如何与媒体对话。球员需要知道媒体的作用可能会与球队的目标和期望相冲突。球员要有礼貌地回答与比赛有关的问题，但是要避免谈论与教学理念或球队管理有关的问题。你一定要让球员小心，不要说任何对对方球队不敬的话，也不要在对方球队更衣室的公告板上写这类东西。

观察对手

　　赛前准备的另一个关键步骤就是观察对手。观察对手有助于避免球队在比赛时遭遇对手出其不意的打法。当前，观察一个排球球队主要是通过分析其比赛视频来完成的。与亲自观看比赛相比，复看比赛视频片段能够得出更加准确的观察报告，从而可以帮助球队在赛前做好更充分的准备。

　　观察的最重要的手段是分解或评估视频。最终的观察报告可能有不同的形式，可以是漂亮的电子表格，也可以是手写的便条，但是其所传达的信息一定要与原视频片段所包含的信息一样准确和有意义。你应让球员观看视频并写出自己的观察报告，把制订比赛计划的主动权交给球员。球员有能力专注于自己的角色以及在比赛中获得成功所需的要素。由教练和球员共同准备的观察报告是打败对手的最佳"武器"。

　　教员必须首先决定球员在分解视频时要记录的元素有哪些。球员在对视频进行分解时，通常会分析对手的下列信息。

- 他们的角色（二传手、中位进攻球员、外侧进攻球员、右侧进攻球员和自由人分别是谁）。
- 他们的接发球阵式是什么样的？
- 他们的最强和最弱的传球球员分别是谁？
- 每次轮换位置时他们的接发球打法是什么样的？
- 他们最受欢迎的进攻球员是谁？该进攻球员在每次轮换位置时如何扣球？
- 他们的后排进攻球员是谁？他们如何给他垫球？
- 他们的高球是如何打的？
- 他们如何应对直线下沉球？
- 他们采用什么样的拦网体系？
- 他们采用什么样的团队进攻和防守方法？这些方法是否会根据进攻球员打法的变化而变化？
- 轮换时拦网球员的强项和弱项是什么？
- 防守时球场上的空缺位置在哪里？
- 每次轮换位置时他们喜欢的组合是什么？

　　此外，观察报告还必须包含对手的发球情况的评估，因为许多比赛都是因为接发球而成功或失败的。这应该包括不同类型的发球（跳发球、飘球、上旋球等）和发球的位置，以及对手的其他发球偏好。

　　最后，球员还要进行自我观察，观察报告才算完成，因为对手也会对你的球队的偏好进行评估。尽管自我观察没有必要像观察对手那么仔细，但是也应该小心对待，并纳入赛季计划，你要让球员试图打破他们在先前的比赛中确立的偏好。你要想对手是如何看待你的球队的，并问自己："我应该如何打破对方的防守？"否则，比赛之日到来时对手将拥有优势，因为在你行动之前他们就已经知道你的套路了。

制订比赛计划

在完成和分析观察报告之后，全体教练要着手制订针对对手的比赛计划。在制订计划时，你们要仔细考虑观察报告、整体策略以及球队的进攻和防守能力。简单来说，比赛计划就是为球队选择的特定计划，目的是在与对手所采用的策略对抗时获得最大的优势。记住，在制订计划时只能尝试技术上可行的战术。比赛计划应保持简明，从而减少己方的非强迫性失误并提高成功的概率。比赛计划应该包含发球、防守或拦网策略，以及已经在比赛期间的球队要想取得成功需注意的关键事项。

控制球队的表现

你应通过制订比赛日的例程，帮助球员在身体和精神上做好准备，让他们尽可能发挥得最好。在制订比赛前的例程时，你有相当大的灵活性。不管采用什么样的例程安排，确保球队在整个赛季期间遵循该例程远比确定例程的内容更重要。一旦球队进入比赛后，例程安排要尽可能和平时一样。行为的规律性有助于让球员稳定发挥，否则就难以让球员稳定发挥。下面是一个可供参考的赛前例程样例。

赛前例程样例

例程应该和其他活动一起引导球员直达比赛，为球员营造舒适的赛前气氛，帮助球员放松并做好充分发挥的准备。下面是可供参考的赛前几小时的例程。

赛前3~4小时

球员应该用餐，所吃的食物应该合理，以为排球比赛中的最佳表现提供营养。这顿饭应该让每个球员都感到满意。如果球员养成了在每次比赛之前吃相同的饭菜的习惯，他们就知道要吃什么以及吃多少，以便在比赛中能够尽情发挥。在饮食方面，你有时候可能需要与家长进行讨论。若你需要了解更多关于运动员饮食的信息，请阅读雷纳·马滕斯的《执教成功之道》（第三版）第16章"给你的运动员加油"。

赛前1小时

在更衣室或安静的地方快速复习比赛计划之后，你应在赛前1小时将球员带到球场上做热身运动。热身运动能够让球员适应球场环境，练习发球、传球、扣球和防守技术。热身运动应该在恰当的时间结束，然后让球员坐在边线附近的凳子上，对他们进行最后的指导。让球队的队长帮助设计赛前热身运动有助于让所有球员都参与到该活动中，从而让球员在精神和身体上做好准备。

在比赛期间不适合批评球员。你可能希望球员在比赛期间拥有出色的表现，但是如果在此期间严厉指责球员的失误，他们在当天剩余的比赛时间里不仅不会表现得更好，反而可能表现得更差。因此，你最好在比赛结束之后的训练期间批评球员、指出失误，并提供改进及避免失误的建议。一条最好的原则就是"在众人面前表扬，在私底下批评"。如果需要批评球员并认为这有助于他取得进步，你需要把他带到一旁去谈话。

团队建设和激励

除非球员合作而且有拼搏的意愿，否则即使再好的比赛计划和训练也不可能帮助球队在比赛中取得胜利。前文说过，如何在比赛计划中让球员根据自己的职责做好准备，但是你必须对比赛计划进行扩充，以覆盖球员的精神领域。尽管在比赛前进行热情洋溢的鼓励性讲话可能让球员在比赛刚开始时拼一把，但是比赛要求球员有非常好的体能基础，这样他才能坚持下去。你在比赛前要与球员进行谈话，并帮助他们复习比赛取得成功所需注意的关键点。这些关键点也应该是你在比赛暂停期间与球员讨论的要点。你要经常查看比赛计划，这样才能帮助球队将精力集中在正确的要点上。

由于球员在整个星期内都在针对特定的对手进行准备，他们知道为什么要抓住要点和如何进行比赛。球员必须将训练准备与比赛表现联系起来，并认识到只有勤奋刻苦地训练才能实现目标，而且要信心十足地迎接挑战。

尽管你已经尽力帮助球队进行计划和准备，但是在排球运动中有一个因素比什么都重要。年轻球员喜欢排球运动的重要原因之一便是他们喜欢与队友分享友情、胜利和生活。因为他们一同经历了训练的辛苦和比赛的兴奋，在患难和收获中建立了深厚的情谊。球队成员之间的相互照顾和奉献是体育运动中最强大的获胜动力。你必须尽力创造更多球员共处的机会，化解球队内部成员之间的矛盾和隔阂，帮助球员建立长久的友谊。

第 10 章

赛前、赛中和赛后

用于分析比赛情形的"战术金三角"已在本书前面详细介绍过（参见第1章），它设计了一张蓝图，你和球员可以依据它做出重要的比赛决定。正如"战术金三角"所展示的，你需要准确地判读呈现在你面前的线索，正确地运用技术和战术知识，以及通过迅速做出决定来相应地调整比赛计划。对"战术金三角"的运用可以帮助你放缓比赛的节奏，以及对赛前、赛中和赛后经常出现的几种关键情形进行理性思考。

赛前

要想让球队在赛前做好身体和精神上的准备，教练需要在几个方面做好计划，例如安排良好的热身运动和局间调整等。

热身运动

你要留意对手的热身运动，看是否能够发现观察报告没有提及的线索。这是你决定是否需要随着比赛的进行做出任何战术改变的最后机会。对手可能会学习一些新技术，或者因有人受伤而换上新的球员。在场外喝水、休息期间，让球员观察对方球队的热身运动，看看能否看出对方球员的技术偏好，以及思考如何在比赛中应对类似的情形。这也是确保球队正确完成热身运动的时机。你能够感觉到球员是否专注，以及是否做好了强势发力的准备。

首发阵容

首发阵容将根据球员的位置和球队所采取的进攻策略，让球员在球场上有一定的轮换顺序。刚开始的轮换顺序必须根据多种因素决定，包括让最强的发球球员先发球，或者采用通常得分最多的顺序，或者根据球员与对手的匹配情况来确定轮换顺序，做到扬长避短。每局的轮换顺序都可能不同，这将取决于球员与对手的匹配情况。

比赛期间

随着比赛的进行，你要注意所看到的阵形，以及作为教练应该采取什么行动来帮助球队获胜。这可能包括替换球员、让球员将球发向接发球不稳的对手，或者让球员沿直线而不是沿斜线拦截对方的扣球球员。

战术调整

比赛期间不是关注技术表现和进行反馈的时候。相反，教练此时应该就比赛的战术和策略提供反馈，因为在一场比赛中教练必须做出大量决定。例如，假设对手在整场比赛中一直向左侧垫球，将球从己方的二传手上方扣过去，因为他们认为己方的二传手比较弱。当比赛进入第五局也就是决胜局的时候，如果轮到己方发球，你就要决定是否替换二传手，换上一个比较强的拦网球员来拦截对方的左侧进攻球员。判读比赛情形和根据比赛情形调整策略，是教练对"战术金三角"的重要应用。

暂停

你应制订一个如何利用暂停时间的计划。暂停时间非常短，因此你和球队需要充分利用。你应和球队分享你为什么在某些情况下请求暂停。你希望球员坐在什么位置，由谁向给他们递水瓶（根据球员的名字或号码）和毛巾（根据球员的名字或号码），由谁向球队讲话，替补球员站在什么位置，以及你将要和球员分享什么信息，这些都是充分利用暂停时间时你需要考虑的细节。你应当花时间确定在暂停时间做各项事情的先后顺序。

替补

出于多种原因，球队在比赛过程中可能需要替换球员。你可能需要将一名球员替换下来休息几分钟，或者出于对战术的考虑需要通过替换球员来放慢比赛的节奏。替换下来的球员要随时做好返场的准备，而且在进场的时候要为代替自己的球员喝彩。

确保和球员一起复习一遍比赛时换人的正确流程。你应在训练赛中有裁判的情况下反复操练该流程，确保及时、流畅、正确地在比赛中替换球员。你应和球员一起分享你为什么在某些情况下换人，让替补球员做好随时入场的准备。

休息区

你应该布置好休息区，让其他教练和球员知道各项物品的位置。你可以决定当前未上场比赛的球员是站着还是坐在凳子上，具体情况还将取决于规则是否允许。你应和所有球员一起操练一遍在休息区应该如何做，强调他们对比赛的专注将对球队的成功产生重大影响。此外，出于种种原因，替补球员要做好随时上场替换场上球员的思想准备。你应提前和球队分享这些想法，让他们认识到这些可能出现的情形。要想避免出现问题，你应该安排一个教练或经理帮你看管休息区。休息区的凳子应该摆放整齐，球员的包、毛巾、水瓶和其他物品要井然有序地放在椅子上或凳子后面。

局间调整

在短暂的两分钟休息期间，你可以做很多事情。全体教练应该仔细安排这段时间。总体而言，球队将分别来到各自的底线处，然后绕着球网跑到对方的底线处，完成后裁判才会宣布解散。教练和其他人员要走到另一侧的凳子旁与球员见面，在球员坐在凳子上喝水的时候简要地讨论对比赛计划的调整。如果规则允许，替补球员可以在己方球场上用排球短暂热身。最后，教练会对比赛计划和任何需要进行的调整做简短的总结，让球员在返回球场前就安排好比赛开始时的轮换顺序。

赛后

比赛结束后，教练和球员必须注意几件事情。在球员和对方球员握手后，你和球员要将凳子上的所有物品收起来，然后再做其他事情。

赛后见面

在比赛结束后，教练和球员应该在球网处见面，并与对手和裁判握手。在握手后，你必须总是在球场上与球队进行短暂会面。球员的家人和朋友必须理解赛后会面对教练和球队非常重要，接下来才是他们与球员见面的时间。然后，不管比赛结果如何，你必须向球队发表简短的讲话。

记得要深呼吸，说话前要想清楚，不管情绪如何都要保持低调谨慎。如果比赛输了，你要安抚球队，表扬他们所付出的努力，而且不要表露出对结果的不满；找出球队的优点加以表扬，将精力花在对付下一个对手上。如果比赛赢了，你要让球队知道你很高兴，但接下来要指出仍然需要改进的地方；要谈到比赛计划，强调上个星期的准备工作对球队的表现有多大贡献。不管是赢了还是输了，你都要指出球员在比赛期间完成了球队目标，并指出球队下一次比赛或下一次训练的目标。你应提醒球员下一次集体活动是什么时候，不管它是第二天的训练活动还是几小时后的另一场比赛。

赛后采访

在与球员的短暂会面结束后，你应该让球员与家人和朋友见面，同时你和某些球员还需要与媒体见面。同样，你必须在赛季开始前教球员如何与媒体打交道。他们必须赞扬队友和对手，避免指责或评论裁判，同时还要有礼貌、语言简练，而且对未来的比赛充满信心，但是不要表现得自大。球员应该仅回答媒体提出的特定问题，而且不要提供与比赛无关的信息。球员还应该拒绝评论受伤情况、教练决策和比赛时间。

作为主教练，在回答媒体的问题前，应该深呼吸并放慢思维活动的节奏，做到缜密谨慎。在与媒体打交道时，你对球员的建议指导也大都适用在你身上，但是不同的是媒体会问你关于球队的情况。如果比赛赢了，你要将其归结于球员的努力，谈论球员是多么努力地参加训练，是如何认真执行教练的安排，以及在比赛中如何努力拼搏等。如果比赛输了，你要通过谈论对方球队有多优秀来避开指责自己的球员，而且也可以谈谈教练队伍做了哪些工作。

无论如何，你一定要避开赛后采访的两个常见陷阱。第一，发表"今天我们的球队没有露面"或"我们没有参加比赛"的评论。第二，发表"我们的球员今天没有好好表现"的评论。这两种说法都在责怪球员输了比赛，无论原因是缺乏动力还是表现不佳。实际上，鼓励球员并教会他们比赛的技术是教练的责任。如果球员没有积极性，你就得做更多的工作去激励他们；如果球员表现不佳，你就要在教学上多下功夫。教练不能撇开与球队的关系，即使在球队遭遇惨败后。你和球队总是站在一起的，尤其是在赛后接受媒体的考验时。

需要注意的是，领导力不是一开始就有的，它是在教育和实践中逐渐获得的。你应该向球员表达自己希望他们在今天的比赛中如何表现，包括在休息区如何做，如何对裁判或对手说话（或者不说话），如何应对逆境，以及在成功后要怎么做。这应该在训练过程中完成。在接下来的比赛期间和比赛后，你要不断坚持这样做，让这些行为、方法得到加强和巩固。在比赛中发生的事情，都是平日训练中所教的事情或允许发生的事情。教会球队在比赛时正确地做事，他们的表现才会让你满意。